财务管理的发展
与应用研究

孙雪梅　张楷婕　苏洪琳　著

东北林业大学出版社
Northeast Forestry University Press
·哈尔滨·

图书在版编目（CIP）数据

财务管理的发展与应用研究 / 孙雪梅，张楷婕，苏洪琳
著. — 哈尔滨：东北林业大学出版社，2024.4
　　ISBN 978-7-5674-3524-7

　Ⅰ.①财… Ⅱ.①孙… ②张… ③苏… Ⅲ.①财务管理
Ⅳ.①F275

　　中国国家版本馆CIP数据核字(2024)第081116号

责任编辑：乔鑫鑫
封面设计：文　亮
出版发行：东北林业大学出版社
　　　　　（哈尔滨市香坊区哈平六道街6号　邮编：150040）
印　　装：河北创联印刷有限公司
开　　本：787 mm×1092 mm　1/16
印　　张：15.5
字　　数：266千字
版　　次：2024年4月第1版
印　　次：2024年4月第1次印刷
书　　号：ISBN 978-7-5674-3524-7
定　　价：85.00元

前　言

　　财务管理作为企业管理体系中至关重要的一环，其演变与发展一直伴随着商业环境的不断变迁与经济格局的演化。随着科技的进步、全球经济一体化的深化以及市场竞争的激烈，财务管理在企业中的重要性愈发凸显，其已不再仅仅是数字的统计与报表的编制，更成为战略决策的有力支持。

　　本书将深入探讨财务管理的发展与应用，从历史的角度出发，追溯财务管理的起源与演变，逐步引领读者深入了解财务管理的核心概念与原则。随着社会经济的发展，企业经营环境愈加复杂，财务管理也在不断创新与演进。在这个变革的时代背景下，财务管理如何适应新的挑战，成为企业发展中的积极推动者，必将成为我们深入研究的焦点。

　　通过对财务管理发展与应用的全面研究，我们旨在为读者提供深度的理论知识与实践经验。本书不仅能满足对财务管理感兴趣的专业人士的需求，同时也为企业管理者、专业研究者以及学生提供一个全面了解财务管理的参考工具。我们相信，在本书的引导下，读者将能够更好地理解财务管理的本质，应用财务管理的原则与技术，推动企业的可持续发展，迎接未来的挑战。

孙雪梅　张楷婕　苏洪琳

2024 年 1 月

目　录

第一章 财务管理的基本理论

第一节 财务管理的含义

一、财务

财务泛指财务活动和财务关系。财务活动是财务的形式特征，财务关系是财务的内容本质。

（一）财务活动

财务活动指企业再生产过程中的资金运动，即筹集、运用和分配资金的活动。在社会主义市场经济的条件下，企业生产的产品是商品，既然是商品，必然具有使用价值和价值的二重性。与此相适应，企业再生产过程也同样具有二重性，它既是使用价值的生产和交换过程，又是价值的形成和实现过程。因此，对企业再生产过程不仅要通过实物数量和劳动时间组织核算和管理，而且还必须借助价值形式进行核算和管理。由于对价值形式的利用，在组织生产和进行分配与交换中，就必然存在着筹集、运用和分配资金的活动，它们是企业经济活动的一个独立部分，从而构成企业的财务活动。

1. 筹集资金

筹集资金是指企业遵照国家法律和政策的要求，从不同渠道，用各种方式，经济有效地筹措和集中生产经营以及企业发展所需资金的活动。它是企业进行生产经营活动的前提，也是资金运动的起点。在我国社会主义市场经济条件下，资金的筹集方式具有多样性，企业既可以发行股票、债券，也可以吸收直接投资或从金融机构借入资金。无论以何种形式获得的资金，企业都需要为筹资付出代价，故因筹集资金所发生的资金流入和流出，便形成了企业一项重要的、经常性的财务活动。

2. 运用资金

运用资金是指企业将筹集而获得的资金转化为内部营运和投放。内部营运表现为购买材料、商品，支付工资和其他费用及销售商品收回资金的资金收支活动；投放表现为购置资产、对外投资的资金支出和收回以及企业对内投资所形成的资产变卖和收回。不论是营运资金还是投放资金，都是企业运用资金而引起的财务活动。

3. 分配资金

分配资金是指企业通过资金的营运和投放，对取得的各种收入在扣除各种成本费用、税金后的收益进行分配的活动。该活动可以以投资人收益或企业留存方式来进行。企业在生产经营过程中所形成的经营成果和收益在分配中所发生的资金收入和退出，也同样属于财务活动。

（二）财务关系

财务关系是指企业在组织财务活动的过程中与有关方面所发生的经济关系，主要表现在以下几个方面。

1.企业与国家之间的财务关系

企业与国家之间的财务关系具有双重性的特征。一方面，国家作为社会管理者的身份要以税收的形式无偿地取得一部分纯收入，以维持国家机器正常运转，保证其职能的履行。企业应遵守国家税法的规定，及时、足额向国家税务机关缴纳各种税款。另一方面，国家以国有资产所有者的身份，有权与其他所有者一样参与企业税后利润的分配。

2.企业与所有者之间的财务关系

企业的所有者向企业投入资金，形成企业的所有者权益，包括国家资本金、法人资本金、个人资本金和外商资本金。企业的所有者应按照出资比例或合同、章程的规定履行出资义务，企业实现利润后，也应定期向所有者分配利润。

3.企业与债权人、债务人之间的财务关系

现代企业往来结算频繁，债权、债务关系复杂，有的是企业与金融机构的关系，有的是企业与企业的关系，或是企业与个人的关系。企业必须合理调度资金，恪守信用，如期履行付款义务。同时，要求债务人依法按时偿还债务，务必使双方按照合约办事，继而促进社会主义市场经济的健康发展。

4.企业与内部各单位之间的财务关系

在企业内部实行经济核算制的条件下，企业内部各部门之间，在相互提供产品、材料或劳务时，也要进行内部计价结算，以明确各自的经济责任，从而体现企业内部的责权关系。

5.企业与职工之间的财务关系

在现阶段，企业应根据工资分配原则支付职工应得的报酬，以体现

按劳分配的关系。随着知识经济时代的到来，企业与职工之间的财务关系的内涵必然会延伸，作为知识资本的所有者（职工和管理者）同其他资本所有者一样，还应参与税后利润的分配。

二、财务管理

（一）财务管理的含义

财务管理的含义可以概括为：财务管理是基于企业再生产过程中客观存在的财务活动和财务关系而产生的，它是通过利用价值形式对企业再生产过程进行的管理，是组织财务活动、处理财务关系的一项综合性管理工作。

（二）财务管理的特点

财务管理与企业其他各项管理的根本区别在于，它是一种价值管理。正基于此，财务管理具有以下几方面的特点。

1.涉及面广

财务管理与企业的各个方面具有广泛的联系。企业购、产、销、运、技术、设备、人事、行政等各部门业务活动的进行，无不伴随着企业资金的收支，财务管理的触角就必然要伸向企业生产经营的各个角落。每个部门都会通过资金的收付，与财务管理部门发生联系，并接受其指导和制约。

2.灵敏度高

财务管理能提供反映生产经营状况的财务信息。企业的财务状况是经常变动着的，具有很强的敏感性。各种经济业务的发生，特别是经营决策的得失、经营行为的成败等，都会及时在财务状况中表现出来。成品资金居高不下，往往反映产品不适销对路；资金周转不灵，往往反映销售货款未及时收取，并会带来不能按期偿还债务的后果。财务管理部门通过向企业经理人员提供财务状况信息，可以协助企业领导来适时控制和调整各项生产经营活动。

3.综合性强

财务管理以资金、成本、收入和利润等价值指标综合反映企业生产经营的物质条件、生产经营中的耗费和收回、生产经营的成果及其分配等情况，并据此及时掌握企业再生产活动中各种要素的增减变动及存在的问题，从而加强财务监督，促进企业对生产经营的管理。

（三）财务管理的内容

财务管理的内容是由企业资金运动的内容决定的。它具体包括以下内容：

（1）筹资管理；

（2）资金结构管理；

（3）流动资产管理；

（4）固定资产和无形资产管理；

（5）投资管理；

（6）收入管理；

（7）利润管理。

此外，财务管理还包括财务管理的价值观念、财务控制以及财务分析等其他内容。

（四）财务管理的作用

财务管理的基本目标是在社会主义市场经济条件下，按照资金运动的客观规律，对企业的资金运动及其引起的财务关系进行有效的管理。因此，它对企业经营目标的实现起着重要的、不可代替的作用。

1. 资金保证作用

资金是企业生产经营活动的"血液"，没有资金或资金不足，生产经营活动就无法进行或不能顺利进行，财务管理可以运用其特有的筹资功能，有效地筹集足额资金，保证企业生产经营的正常需要和满足企业发展的需要。

2. 控制协调作用

现代企业作为一个市场主体，是一个极其复杂的人造系统。要想使其在激烈的市场竞争之中立于不败之地，自如地应对各种挑战，并取得长足发展，必须要控制协调诸要素，使企业的再生产过程有序运行，而控制协调是财务管理的一项重要职能。只有强化财务管理，通过制定企业内部财务管理制度、编制财务预算、运用资金指标分解等办法，从制度和指标上具体规定各级、各部门的权责，才能及时发现并纠正存在的问题，改进工作，规范财务行为，提高经济效益。

3. 综合反映作用

财务管理是利用价值形式对企业再生产过程进行的管理，这就必然使企业生产经营的过程和结果、各项专业管理的工作业绩和存在的问题，最终都将直接或间接地通过财务管理综合地反映出来。这样不仅可以借助财务指标提供的信息，及时发现生产经营活动中的得失、利弊，而且还可以通过对财务指标的分析和评价，总结经验及不足，以便有针对性地采取有效措施予以纠正和改进，不断提高财务管理水平以及企业管理水平。

第二节 财务管理的目标

财务管理目标是企业在特定的理财环境中，通过组织财务活动、处理财务关系以达到的目的。合理确定企业财务管理的目标是进行财务管理工作的前提条件。财务管理是企业管理的一部分，从根本上说，企业的财务目标取决于企业生存目的或企业目标。

一、企业目标及对财务管理的要求

企业是依法设立的、以盈利为目的的经济组织，其目标可以概括为生存、发展和获利。

（一）生存

市场具有选择性和风险性，企业在市场中生存下去的基本条件是以收抵支和到期偿债。

任何企业的出发点和归宿都是为了获利，生存是企业获利的首要条件。企业生存的第一个基本条件是以收抵支，也就是企业在一定的经营期间所取得的收入要能补偿所耗费的各项生产要素的价值（即成本费用），或者说企业在一定的经营期间所产生的现金流入量至少要等于现金流出量；否则，企业就会萎缩，甚至会出现经营难以为继的状况。

企业生存的第二个基本条件是到期偿还债务。企业常常会因资金周转困难而举债，甚至出于扩大业务规模以及负债经营的考虑盲目扩大负债规模，这都有可能会造成企业因无法偿还到期的债务而难以正常经营下去甚至倒闭。

可见，企业的生存主要面临两方面的威胁：一是长期亏损，它是企业终止的内在原因；二是不能偿还到期的债务，这是企业终止的直接原因。这就要求企业力求保持以收抵支和偿还到期债务的能力，降低破产的风险，使企业能够长期、稳定地生存下去。

（二）发展

企业必须在生存中求得发展，要发展就必须提升竞争力，而企业的发展集中表现为盈利能力的增强。因此，企业必须不断更新设备、技术和工艺，改进管理，提高产品质量，不断推出更好、更新的产品，扩大产品销售量，努力增加企业的销售收入。这就要求企业能够及时、足额筹集到其发展所需要的资金。

（三）获利

获利是企业生存的根本目的，获利就是超过企业投资额的回报。因此，企业在通过发展不断扩大收入的同时，必须减少资金耗费，合理有效地使用资金，提高资产利用率。

综上所述，获利是企业的出发点和归宿；企业只有生存下去才可能获利；同时企业只有不断发展才能求得生存。

二、财务管理目标的几种观点

财务管理是企业管理的一个组成部分，企业的一切管理工作都是围绕着企业的目标进行的，因此，财务管理的目标是由企业的目标所决定的。

同时，整个社会的经济体制、经济模式和企业所采用的组织制度，也在很大程度上决定着企业财务目标的取向。根据现代企业财务管理理论和实践，最具有代表性的财务管理目标主要有以下几种观点。

（一）利润最大化

利润最大化观点，是假定在企业的投资预期收益确定的情况下，财务管理行为朝着有利于企业利润最大化的方向发展。这种观点认为，利润代表了企业所创造的财富，利润越多，说明企业的财富增加得越多，越接近企业的目标。获取利润是企业经营和发展的基本条件，企业只有盈利才能满足各利益相关者的基本利益要求，因此，企业应以利润最大化作为其财务管理的目标。

以利润最大化作为企业财务管理的目标，具有一定的合理性：① 人类从事生产经营活动的目的是创造更多的剩余产品，在商品经济条件下，剩余产品的多少则可以用利润的多少来衡量。② 利润最大化有利于资源的合理配置。在自由竞争的资本市场中，资本的使用权最终将属于获利最大的企业。③ 从社会角度来看，只有每个企业都最大限度地获取利润，整个社会的财富才可能实现最大化，才能带来社会的进步和发展。④ 企业若要追求利润最大化，就必须讲求经济核算，加强管理，这有利于经济效益的提高。

企业以利润最大化作为财务管理的目标存在以下几方面的缺陷：①利润最大化没有区分不同时间的报酬，没有考虑资金的时间价值。② 利润最大化没有反映所获利润和投入资本之间的关系，不利于不同规模的企业或同一企业的不同时期之间的比较。③利润最大化没有考虑风险问题。企业为追求利润最大化往往很少考虑风险因素，由此很容易导致企业为了追求高利润而不顾风险的大小，致使企业所获得的利润与所冒的风险不相配，甚至出现得不偿失的情况。④ 利润最大化往往会导致企业财务决策的短期行为，造成企业为了眼前利益，而不顾企业的长远发展。如忽视新产品的开发、技术设备的更新、人才资源的投资及社会责任的履行等。

由此可见，将利润最大化作为企业财务管理的目标，只是对经济效益的浅层次的认识，存在一定的片面性。现代财务管理理论认为，利润最大化并不是财务管理的最优目标。

（二）股东财富最大化

股东财富最大化，是指企业通过财务上的合理经营，为股东带来最多的财富。在股份制公司，股东的财富就是由其所拥有的股票数量和股票的市场价格决定的，当股票数量一定时，股票价格达到最高，就能使股东财富达到最大。因此，股东财富最大化又可以理解为股票价格最大化。

将股东财富最大化作为财务管理的目标具有积极的意义：① 股东财富最大化目标考虑了风险因素，因为风险的高低，会对股票价格产生重要影响。② 股东财富最大化在一定程度上能够克服企业在追求利润上的短期行为。企业只有从整体上考虑其经营策略，兼顾短期和长期的收益，做出最佳的财务决策，才能实现股票价格最大化。③ 股东财富最大化目标比较容易量化，可直接根据股票数量和股票市场价格计量股东财富的多少，便于公司进行合理的分析和考核。

企业以股东财富最大化作为财务管理的目标存在以下几方面的缺

陷：① 股东财富最大化只适用于上市公司，对非上市公司则很难适用。② 股东财富最大化强调了股东的利益最大，而对企业其他利益相关者的利益重视不够，片面追求股东财富的增大可能会导致其他利益相关者的收益下降。③ 股票价格受多种因素影响，并非都是公司所能控制的，将不可控因素纳入财务管理目标存在一定的不合理性。

尽管股东财富最大化存在上述缺点，但如果一个国家的证券市场高度发达，市场效率极高，上市公司则可以把股东财富最大化作为财务管理的目标。

（三）企业价值最大化

现代企业理论认为，企业是多边契约关系的总和，或者说它是由各利益相关者通过契约形成的联合体。企业的股东、债权人、经理阶层、一般职工等都是企业收益的贡献者，对企业的发展起着重要的作用，他们也应该是企业收益的分享者。但他们的利益在企业中既有一致性又有矛盾性，从企业长远发展来看，如果试图通过损伤一方利益而使另一方获利，结果会导致矛盾冲突，出现诸如职工罢工、债权人拒绝提供贷款、股东抛售股票、税务机关罚款等，这些都不利于企业的发展，只有在协调和满足各方利益、要求的前提下，企业才能不断发展。从这个意义上说，不能将财务管理的目标仅仅归结为某一利益集团的目标。因此，股东财富最大化不是财务管理的最优目标。从理论上来讲，因为各个利益集团的目标都可以折中为企业长期稳定发展和企业总价值的不断增长，各个利益集团都可以借此来实现他们的最终目的。所以，以企业价值最大化作为财务管理的目标，比以股东财富最大化作为财务管理目标更科学。

企业价值最大化，是指通过企业财务上的合理经营，采用最优的财务政策，充分考虑资金的时间价值和风险与报酬的关系，在保证企业长期稳定发展的基础上使企业总价值达到最大。这一观点的基本思想是，将企业长期稳定的发展和持续的获利能力放在首位，强调在企业价值增长中满足各方利益。企业价值不是账面资产的总价值，而是企业全部财产的市场价值，它反映了企业潜在或预期获利能力。投资者在评价企业价值时，是以投资者预期投资时间为起点的，并将未来收入按预期投资时间的同一口径进行折现，未来收入的多少按可能实现的概率进行计算。可见，这种计算办法考虑了资金的时间价值和风险问题。企业所得的收益越多，实现收益的时间越近，应得的报酬就越确定，企业的价值也越大。

以企业价值最大化作为财务管理目标，其积极意义可概括为以下几个方面：① 价值最大化目标克服了股东财富最大化目标片面追求股东财富的缺陷，在追求股东财富增大的同时，兼顾了其他利益相关者的利益，可保证企业协调稳定地发展。② 价值最大化目标考虑了资金的时间价值和投资的风险价值，强调企业长期稳定地发展，兼顾了风险和收益的均衡，考虑了风险对企业价值的影响。③ 价值最大化目标能克服企业在追求利润上的短期行为，因为不仅目前的利润会影响企业的价值，而且预期未来的利润对企业价值的影响所起的作用更大。进行企业财务管理，就是要正确权衡报酬增加与风险增加的得与失，努力实现二者之间的最佳平衡，使企业价值达到最大。④ 价值最大化目标有利于社会资源的合理配置。

因此，以企业价值最大化作为企业财务管理的目标，反映了企业经营的本质要求，体现了对经济效益的深层次认识，它是现代财务管理的最优目标。

以企业价值最大化作为财务管理的目标也存在着以下问题：① 对于上市企业，虽然可以通过股票价格的变动反映企业价值，但是股价是受多种因素影响的结果，特别在即期市场上的股价不一定能够直接揭示企业的获利能力，只有长期趋势才能做到这一点。② 为了控股或稳定购销关系，现代企业多采用环形持股的方式相互持股。法人股东对股票市价的敏感程度远不及个人股东，他们对股价最大化目标没有足够的兴趣。③ 对于非股票上市企业，只有对企业进行专门的评估才能真正确定其价值。而在评估企业的资产时，由于受评估标准和评估方式的影响，这种估价不易做到客观和准确，因此也导致难以确定企业价值。

三、企业财务管理的目标与社会责任

企业财务管理的目标是追求企业价值最大化，维护利益相关者的利益。但企业在追求价值最大化的过程中不能忽视其应承担的社会责任。企业对社会应承担的责任包括：保护消费者的权益；向职工支付合理的工资，对职工进行必要的业务技术培训，创造安全的工作环境；保护环境、控制污染、支持公益事业性活动等。企业财务管理目标与社会责任的关系是既对立又统一的关系。

企业财务管理目标与社会责任的一致性。企业要承担的社会责任与其财务目标从实质上或长期看是一致的。其理由是，企业为了实现财务管理的目标，必须生产或销售适销对路的产品，而适销对路的产品既能够满足社会的需求，也能够体现企业的价值；企业为了实现财务管理的目标,必须不断改进生产技术手段和经营管理水平,发展和应用高新技术,提高生产力水平，从而带动社会的进步；企业为了实现财务管理的目标，就要努力挖掘潜力，增加收入和利润，实现商品的增值，为国家提供更多的税收，壮大国家的财政实力。

企业财务管理目标与社会责任的不一致性。从长期看，尽管企业要承担的社会责任与其财务目标是一致的，但在具体的或短期的目标上也存在诸多矛盾。有时，企业会因为承担社会责任而使其加大支出费用，减少当期利润，从而影响到股东利益和企业实力。例如，为了防止环境污染，企业就要付出较高的治污费用；为了社会的安定，企业必须慎重对待劳务支出，增加失业保险或其他社会保障的费用。但是，企业具体应该承担多少社会责任没有一个明确的标准和界限，这些都会使企业的财务管理目标与其社会责任发生矛盾。这些矛盾需要通过商业道德的约束、政府部门的行政管理，以及社会舆论的监督予以协调和解决。

可见，从表面上或短期来看，企业履行一定的社会责任可能减少了收益或增加了现金的支出，影响了企业当前的利润；但从实质上或长期来看，企业履行必要的社会责任，是为公司的生存和发展创造条件，也是为了实现公司的财务目标。因此，企业实现财务管理的目标与履行相应的社会责任既对立又统一。

四、财务管理目标的协调

现代企业是建立在一系列相互联系的契约之上的经济和法律主体，签订契约的各有关方面形成了企业的利益相关者，如企业的所有者、债权人、经理、职工、供应商、客户、政府及社会等，这些利益紧密相连的相关者因契约内容的不同而对企业的利益要求也不相同。一方面，利益相关者具有共同的目标，即希望企业经营成功并不断地发展；另一方面，其利益又存在矛盾和冲突。企业财务管理的目标是企业价值最大化，根据这一目标，企业只有通过对各利益相关者之间矛盾的协调，才能最终实现企业价值的最大化。在企业的多个利益相关者中，企业所有者与经营者之间、所有者与债权人之间的矛盾是企业中的主要矛盾，因此，如何协调它们之间的矛盾对实现企业价值的最大化有着重要的影响，这也是财务管理必须要解决的问题。

（一）所有者与经营者之间的矛盾与协调

1.所有者与经营者之间的矛盾

企业的出资人即所有者将资金投向企业，委托经营者进行管理，这样，企业所有权与经营权的分离，形成了企业所有者与经营者之间的委托代理关系。企业是所有者（即股东）的企业，所有者因享有剩余收益的索取权而追求股东财富最大化，故希望经营者努力工作，以实现股东财富最大化目标。从理论上讲，作为代理人的经营者应该为实现股东财富最大化目标而努力工作，但作为享有企业的经营权和劳动报酬索取权的经营者，其目标则是自身效用最大化，即他可能更关心个人财富的增长、闲暇时间的增多以及对经营风险的回避等个人利益。这种对个人利益的关心在一定程度上限制了他们为谋求股东财富最大化做出努力，甚至在经营者控制企业主要经营活动的情况下，极易产生为了实现个人效用最大化而背离股东利益的问题。这种背离表现在两个方面：逆向选择和道德风险。如在经营者的管理报酬一定的情况下，经营者可能希望得到更多的在职消费；当公司的长期目标与短期目标不一致时，经营者会为了实现其任职期限内的经营目标而不顾长期目标，牺牲公司的长期利益可能会直接导致股东财富的减少；当公司面临的风险性决策可能对股东有利时，经营者则有可能为了回避风险而放弃；经营者为了增加自己的闲暇时间，不尽最大努力去工作。

2. 所有者与经营者之间矛盾的协调

实际上，经营者和所有者的主要矛盾就是经营者希望在提高企业价值或股东财富的同时，能更多地增加个人效用；而所有者和股东则希望以较小的成本支出带来更高的企业价值或股东财富。为了解决这一矛盾，通常采取让经营者的报酬与绩效相联系的办法，通过企业内部和外部合理的约束及激励机制来促使股东和经营者为了共同的目标而努力。

（1）激励。激励是一种将经营者的报酬与其绩效挂钩的办法，激励的依据是公司的经营业绩。激励有两种基本方式：①"股票选择权"方式。它允许经营者以固定的价格购买一定数量的公司股票，股票的价格高于购买的价格越多，经营者所得到的报酬就越多，经营者为了获取更大的股票涨价益处，必然主动采取能够提高股价的行动。②"绩效股"形式。在这种方式下，公司运用每股收益、资产报酬率等指标来评价经营者的业绩，视其业绩好坏给予经营者数量不等的股票作为报酬。如果公司的经营业绩未能达到规定目标，经营者也将丧失部分原先持有的"绩效股"，这种方式使经营者不仅为了多得"绩效股"而不断采取措施提高公司的经营业绩，而且经营者为了使每股市价最大化，也会采取各种措施使股票市价稳定上升。将经营者的报酬与公司经营业绩结合起来是目前普遍采取的一种激励方式，这种方式可确保经营者在追求自身利益的同时也增大了股东财富。

（2）解聘。解聘是一种通过所有者对经营者进行约束的办法。所有者可通过与经营者签订目标合同、审计财务报表以及限制经营者的决策权等，对经营者予以监督，如果经营者得到了必要的报酬补偿仍未能使企业价值达到最大，所有者即可采取相应的方式解聘经营者，经营者因担心被解聘而被迫努力工作以实现企业财务管理目标。

（3）接收或吞并。接收或吞并一种来自资本市场的对经营者的约束机制。如果经营者因经营决策失误、经营不善而导致股价过低，又未能采取有效措施使企业价值提高，那么该公司很可能就会被其他的公司强行接收或吞并，经营者也相应地会被解聘。因此，经营者为了避免公司被接收，必须采取一切措施提升公司的经营业绩，提高股票市价。

（二）所有者与债权人之间的矛盾与协调

1. 所有者与债权人之间的矛盾

债权人把资金交给企业，其目标是到期收回本金，并获得约定的利息收入；而企业的所有者把获得的资金用于经营，然后从税后利润中分配利润。所有者的财务目标可能与债权人期望实现的目标发生矛盾，借款一旦成为事实，债权人就失去了资金控制权，所有者可以通过经营者为了自身利益而伤害债权人的利益。

第一，股东不经债权人的同意，投资于比债权人预期风险要高的新项目。所有者可能希望通过投资高风险项目而获得高收益，但债权人则希望公司收益稳定。若高风险的项目一旦成功，额外的利润就会被所有者独享；但高风险项目投资失败的损失则可能由债权人和股东共同承担，这对债权人来说风险与收益是不对称的。第二，所有者或股东未征得债权人同意，而迫使经营者发行新债券或举借新债，致使旧债券的价值降低（因为相应的偿债风险增加），使原有债权人蒙受损失。

2. 所有者与债权人之间矛盾的协调

为了协调所有者与债权人之间的矛盾，一般在签订债务契约时增加限制性条款进行约束和协调。通常可采用以下方式：① 限制性借款，即在借款合同中加入某些限制性条款，如规定借款的用途、借款的担保条款和借款的信用条件等。② 收回借款或不再借款，即当债权人发现公司有侵蚀其债权价值的意图时，采取收回债权或不给予公司重新放款的措施，从而保护自身的权益。

第三节　财务管理的原则

　　财务管理的原则，也称理财原则，是指人们对财务活动共同的、理性的认识。它是联系理论与实务的纽带。财务管理理论是从科学角度对财务管理进行研究的成果，通常包括假设、概念、原理和原则等。财务管理实务是指人们在财务管理工作中使用的原则、程序和方法。理财原则是财务管理理论和实务的结合部分。

　　对于如何概括理财原则，人们的认识不完全相同。当前，管理学科中最具有代表性的理财原则有自利行为原则、双方交易原则、信号传递原则、引导原则、比较优势原则、净增效益原则、风险－报酬权衡原则、资本市场有效原则和货币时间价值原则等。

一、自利行为原则

　　自利行为原则是指人们在进行决策时按照自己的财务利益行事，在其他条件相同的条件下人们会选择对自己经济利益最大的行为。

　　自利行为原则的依据是理性的经济人假设。该假设认为，人们对每一项交易都会衡量其代价和利益，并且会选择对自己最有利的方案来行动。自利行为原则假设企业决策人对企业目标具有合理的认识程度，并且对如何达到目标具有合理的理解。在这种假设情况下，企业会采取对自己最有利的行动。自利行为原则并不认为钱是任何人生活中最重要的东西，或者说钱可以代表一切。问题在于商业交易的目的是获利，在从事商业交易时，人们总是为了自身的利益做出选择和决定，否则他们就不必从事商业交易。自利行为原则也并不认为钱以外的东西都是不重要的，而是说在 "其他条件都相同时"，所有财务交易集团都会选择对自己经济利益最大的行为。

二、双方交易原则

双方交易原则是指每一项交易都至少存在两方，在一方根据自己的经济利益决策时，另一方也会按照自己的经济利益决策行动，并且对方和你一样聪明、勤奋和富有创造力，因此交易中的每个人在做决策时都要正确预见对方的反应。

双方交易原则的建立依据是商业交易至少有两方、交易是 "零和博弈" 以及各方都是自利的。每一项交易都有一个买方和一个卖方，这是不争的事实，无论是买方市场还是卖方市场，已经在交易中形成，买进的资产和卖出的资产总是一样多。例如，在证券市场上卖出一股就一定有一股买入。既然买入的总量与卖出的总量永远一样多，那么一个人的获利只能以另一个人的付出为基础。一个高的价格使购买人受损而卖方受益；一个低的价格使购买人受益而卖方受损，一方得到的与另一方失去的一样多，从总体上看，双方收益之和等于零，故称为 "零和博弈"。在 "零和博弈" 中，双方都按自利行为原则行事，谁都想获利而不是受损。那么，为什么还会成交呢？这与事实上人们的信息不对称有关。买卖双方由于信息不对称，因而对金融证券产生不同的预期。不同的预期导致了证券买卖，高估股票价值的人买进，低估股票价值的人卖出，直到市场价格达到与他们的预期一致时交易停止。如果对方不认为对自己有利，他就不会与你成交。因此，在决策时不仅要考虑自利行为原则，还要使对方有利，否则交易就无法实现。

三、信号传递原则

信号传递原则是指行动可以传递信息，并且比公司的声明更有说服力。信号传递原则是自利行为原则的延伸。因为人们或公司是遵循自利行为原则的，所以一项资产的买进能暗示出该资产物有所值，买进的行为提供了有关决策者对未来的预期或计划的信息。例如，一个公司决定进入一个新领域，反映出管理者对自己公司的实力以及新领域的未来前景充满信心。

信号传递原则要求根据公司的行为判断它未来的收益状况。例如，一个经常用配股的办法找股东要钱的公司，很可能自身产生现金能力较差；一个大量购买国库券的公司，很可能缺少好的投资机会；内部持股人出售股份，常常是公司盈利能力恶化的重要信号。有时候行动比语言更具说服力，这就是通常所说的，"不但要听其言，更要观其行"。

四、引导原则

引导原则是指当所有办法都不可行时，寻找一个可以信赖的榜样作为自己的引导。所谓当所有办法都不可行，是指我们的理解力存在局限性，不知道如何做对自己更有利；或者寻找最准确答案的成本过高，以至于不值得把问题完全搞清楚。在这种情况下，不要继续坚持采用正式的决策分析程序，包括收集信息、建立备选方案、采用模型评价方案等，而要直接模仿成功榜样或者大多数人的做法。例如，你在一个自己从未到过的城市寻找一个就餐的饭馆，不值得或者没时间调查每个饭馆的有关信息，你应当找一个顾客较多的饭馆去就餐。你不要去顾客很少的地方，那里不是价格很贵就是服务很差。

不要把引导原则与盲目模仿相混淆。引导原则只在两种情况下适用：一是理解存在局限性，认识能力有限，找不到最优的解决办法；二是寻找最优方案的成本过高。在这种情况下，跟随值得信任的人或者大多数人才是有利的。引导原则不会帮人找到最好的方案，却常常可以使人避免采取最差的行动。它是一个次优化准则，其最好的结果是得出近似最优的结论，最差的结果是模仿了别人的错误，这一原则虽然有潜在的问题，但是我们经常会遇到理解力、成本或信息受到限制的情况，无法找到最优方案，需要采用引导原则来解决问题。

五、比较优势原则

比较优势原则是指专长能创造价值。在市场上要想赚钱，必须发挥你的专长。大家都想赚钱，你凭什么能赚到钱？你必须在某一方面比别人强，并依靠你的强项来赚钱。迈克尔·乔丹的专长是打篮球，若他改行去打棒球就违背了比较优势原则。没有比较优势的人，很难取得超出平均水平的收入；没有比较优势的企业，很难增加股东财富。

比较优势原则的依据是分工理论。只有让每一个人去做最适合做的工作，让每一个企业生产最适合它的产品，社会的经济效率才会提高。

比较优势原则的一个应用是"人尽其才、物尽其用"。在有效的市场中，你不必要求自己什么都能做得最好，但要知道谁能做得最好。对于某一件事情，如果有人比你自己做得更好，就支付报酬让他代你去做。

同时，你去做比别人做得更好的事情，让别人给你支付报酬。如果每个人都去做能够做得最好的事情，每项工作就找到了最称职的人，就会产生经济收益。每个企业要做自己能做得最好的事情，一个国家的效率就提高了。国际贸易的基础，就是每个国家生产它最能有效生产的产品和劳务，这样可以使每个国家都受益。

六、净增效益原则

净增效益原则是指财务决策建立在净增效益的基础上，一项决策的价值取决于它和替代方案相比所增加的净收益。

一项决策的优劣，是与其他可替代方案（包括维持现状而不采取行动）相比较而言的。如果一个方案的净收益大于替代方案，则认为它是一个比替代方案好的决策，其价值是增加的净收益。在财务决策中净收益通常用现金流量计量，一个方案的净收益是指该方案现金流入减去现金流出的差额，也称为现金流量净额。一个方案的现金流入是指该方案引起的现金流入量的增加额；一个方案的现金流出是指该方案引起的现金流出量的增加额。方案引起的增加额，是指这些现金流量依存于特定方案，如果不采纳该方案就不会发生这些现金流入和流出。

七、风险 – 报酬权衡原则

风险–报酬权衡原则是指风险和报酬之间存在一个对等关系，投资人必须对报酬和风险做出权衡，为追求较高报酬而承担较大风险，或者为减少风险而接受较低的报酬。所谓对等关系，是指高收益的投资机会必然伴随巨大风险，风险小的投资机会必然只有较低的收益。

在财务交易中，当其他所有条件都相同时，人们倾向于高报酬和低风险。如果两个投资机会除了报酬不同以外，其他条件（包括风险）都相同，人们会选择报酬较高的投资机会，这是由自利行为原则所决定的。如果两个投资机会除了风险不同以外，其他条件（包括报酬）都相同，人们会选择风险小的投资机会，这是由风险反感决定的。所谓风险反感，是指人们普遍对风险有反感，认为风险是不利的事情。

如果人们都倾向于高报酬和低风险，而且都按照他们自己的经济利益行事，那么竞争结果就产生了风险和报酬之间的权衡。每个人都不可能在低风险的同时获取高报酬，因为这是每个人都想得到的，即使你最先发现了这样的机会并率先行动，别人也会迅速跟进，竞争会使报酬率降至与风险相当的水平。因此，现实的市场中只有高风险同时高报酬和低风险同时低报酬的投资机会。

如果你想有一个获得巨大收益的机会，你就必须冒可能遭受巨大损失的风险，每一个市场参与者都在他的风险和报酬之间做出权衡。有的人偏好高风险、高报酬，有的人偏好低风险、低报酬，但是每个人都要求风险与报酬对等，不会去冒没有价值的风险。

八、资本市场有效原则

资本市场是指证券买卖的市场。资本市场有效原则，是指在资本市场上频繁交易的金融资产的市场价格反映了所有可获得的信息，而且面对新信息完全能迅速地做出调整。

市场有效性原则要求理财时要慎重使用金融工具。如果资本市场是有效的，购买或出售金融工具的交易的净现值就为零（价值与价格相等）。

公司作为从资本市场上取得资金的一方，很难通过筹资获取正的净现值（增加股东财富）。公司的生产经营性投资带来的竞争，是在少数公司之间展开的，竞争不充分。一个公司因为它有专利权、专有技术、良好的商誉、较大的市场份额等相对优势，属于可以在某些直接投资中取得正的净现值。资本市场与商品市场不同，其竞争程度高、交易规模大、交易费用低、资产具有同质性，使得其有效性比商品市场要高得多。所有需要资本的公司都在寻找资本成本低的资金来源，大家面临同等的机遇。机会均等的竞争，使财务交易基本上是公平交易。在资本市场上，只获得与投资风险相称的报酬，也就是与资本成本相同的报酬，很难实现股东财富增值。

九、货币时间价值原则

货币时间价值原则，是指在进行财务计量时要考虑货币时间价值因素。货币的时间价值是指货币在经过一定时间的投资和再投资所增加的价值。

货币时间价值原则的一个重要应用是现值概念。由于以前的 1 元货币比现在的 1 元货币经济价值大，因此不同时间的货币价值不能直接进行加减运算，需要进行折算。通常，要把不同时间的货币价值折算到"现在"时点，然后进行运算或比较。把不同时点的货币折算为"现在"时点的过程，称为折现，折现使用的百分率称为折现率，折现后的价值称为现值。财务估价中，广泛使用现值计量资产的价值。

货币时间价值的另一个重要应用是"早收晚付"观念。对于不附带利息的货币收支，人们一般倾向于与其晚收不如早收，与其早付不如晚付。

货币在自己手上，可以立即用于消费而不必等待将来消费，可以投资获利而无损于原来的价值，可以用于预料不到的支付，因此，早收、晚付对经济是有利的。

第四节　财务管理的方法

财务管理方法是为了实现财务管理目标，完成财务管理任务，在进行财务活动时所采用的各种技术和手段。财务管理方法有很多，可按多种标准进行分类：

（1）根据财务管理的具体内容分类，可以分为资金筹集方法、投资管理方法、营运资金管理方法、利润及其分配管理方法；

（2）根据财务管理方法的特点分类，可分为定性财务管理方法和定量财务管理方法；

（3）根据财务管理的环节分类，可分为财务预测方法、财务决策方法、财务计划方法、财务控制方法和财务分析方法。

下面以财务管理环节为依据，阐述各种财务管理方法以及相互之间的关系。

一、财务预测

财务预测是财务人员根据历史资料，依据现实条件，运用特定的方法对企业未来的财务活动和财务成果所做出的科学预估和测算。

只有对企业未来的财务状况进行科学预测，在此基础上才能做出科学的财务决策，编制出切实可行的财务计划。因此，财务预测是财务决策的基础，是进行编制财务计划的前提。

财务预测工作通常包括以下四个具体步骤：

（1）明确预测目的，只有目的明确才能有针对性地搜集资料，采取相应的方法进行预测；

（2）收集和整理相关资料，根据预测目的搜集相关资料，并进行归类、汇总、调整，以便利用这些资料进行科学预测；

（3）建立适当的预测模型，以进行科学预测；

（4）利用预测模型，进行预测，提出预测值。

财务预测方法很多，具体可以分为两大类：一类是定性预测方法，即利用相关资料，依靠个人经验的主观判断和综合分析能力，对事物未来的状况和趋势做出预测的方法；另一类是定量预测方法，即根据变量之间存在的数量关系建立数学模型来进行预测的方法，包括趋势预测法和因果预测法等。趋势预测法是按时间顺序排列历史资料，根据事物发展的连续性进行预测的一种方法，又称为时间序列预测法；因果预测法是根据历史资料，通过分析找到影响预测因素的其他相关因素，并确定两者的因果关系，建立数学模型进行预测的方法。

二、财务决策

财务决策是指财务人员按照财务目标的总体要求，利用专门方法对各种备选方案进行比较分析，并从中选出最佳方案的过程。管理的核心是决策，财务决策是财务管理的核心。

财务决策通常包括以下几个具体步骤：

（1）确定决策目标；

（2）设计并提出备选方案；

（3）分析比较各种方案，选择最佳方案。

常见的财务决策方法包括以下方面内容：

（1）优选对比法是把各种不同方案排列在一起，按其经济效益的好坏进行优选对比，进而做出决策的方法，它是财务决策的基本方法。优选对比法按其对比方式的不同，又可分为总量对比法、差量对比法、指标对比法等。

①总量对比法。总量对比法是将不同方案的总收入、总成本或总利润进行对比，以确定最佳方案的一种方法。

②差量对比法。差量对比法是将不同方案的预期收入之间的差额与预期成本之间的差额进行比较，求出差量利润，进而做出决策的方法。

③指标对比法。指标对比法是把反映不同方案经济效益的指标进行对比，以确定最优方案的方法。例如，在进行长期投资决策时，可把不同投资方案的净现值、内含报酬率、现值指数等指标进行对比，从而选择最优方案的方法。

（2）线性规划法，是根据运筹学的原理，对具有线性联系的极值问题进行求解，进而确定最优方案的方法。

（3）微分法，是根据边际分析原理，运用数学上的微分方法，对具有曲线联系的极值问题进行求解，进而确定最优方案的方法。在利用数学微分法进行决策时，凡以成本为判别标准，一般是求极小值；凡以收入或利润为判别标准时，一般是求极大值。在财务决策中，最优资本结构决策、现金最佳余额决策、存货的经济批量决策都要用到数学微分法。

（4）决策树法，是风险决策的主要方法。决策面对的是未来，如果一个方案未来可能出现几种结果，并且各种结果及其概率都可以预知，这种决策便是风险决策。风险决策必须用概率计算各个方案的期望值和标准离差，并把各个概率分支用树形图表示出来，因此，风险决策又称为决策树法。

（5）损益决策法，它包括最大最小收益值法和最小最大后悔值法，是不确定性决策的一种主要方法。如果一个方案未来可能出现几种结果，但各种结果发生的概率是不可预知的，这种决策便是不确定性决策。最大最小收益值法又称为小中取大法，是把各个方案的最小收益值都计算出来，然后取其最大值。最小最大后悔值法又称为大中取小法，是把各个方案的最大损失值都计算出来，然后取其最小值。

决策者作为理性的人或经济的人，选择方案的一般原则应当是选择"最优"方案，但由于决策者在认识能力和时间、成本、信息来源等方面的限制，有时不能坚持要求最理想的解答，常常只能满足于"令人满意"的决策。

三、财务计划

财务计划是指运用科学的技术手段和数量方法，对企业未来财务活动的内容及指标所进行的具体规划，如定额流动资金及其来源计划、成本费用计划、利润计划等。财务计划是以财务决策确定的方案和财务预测提供的信息为基础进行编制的，是财务预测和财务决策的具体化，是控制财务活动的依据。以货币表示的具体财务计划即为财务预算。

财务计划是财务管理的重要工具。它既是财务管理所希望达到的目标，同时也是财务控制的依据和作为财务分析考核的标准。

财务计划编制的一般程序如下：

（1）根据财务决策的要求，分析主、客观条件，制定主要的计划指标。

（2）对需要和可能进行协调，组织综合平衡。

（3）运用各种财务计划编制方法，编制财务计划。

财务计划的编制过程就是企业根据财务决策的要求，通过综合平衡，确定财务计划指标的过程。确定财务计划指标的具体方法包括平衡法、因素分析法、比例计算法、定额法等。平衡法是指利用有关指标之间的平衡关系来确定预算指标的一种方法，例如，可依据"期初结存＋本期增加－本期减少＝期末结存"的平衡公式，来计算、确定期末存货所占用的资金。因素分析法是根据某些指标的历史发展趋势，结合计划期的变化因素来确定预算指标的一种方法，如可比产品的成本降低额、降低率、管理费用预算等都可以采用这种方法；比例计算法是根据过去已经形成而又比较稳定的各项指标之间的比例关系，来确定有关预算指标的一种方法，如依据资产负债率和资产增加额可确定负债增加额等；定额法是指在编制财务计划时，以定额作为预算指标的一种方法，又称为预算包干法。

财务预算的表现形式有固定预算与弹性预算、增量预算与零基预算、定期预算与滚动预算等。固定预算是以费用项目根据计划期一定的业务量水平为基础来确定其预算的金额，固定预算的缺点是每当实际发生的业务量与编制预算时所根据的业务量发生差异时，各费用项目的实际数与预算数就无可比基础。弹性预算是在编制费用预算时，预先估计到计划期间业务量可能发生的变动，编制出一套能适应多种业务量的费用预算，以便反映在各行该业务量的情况下所应开支的费用水平。增量预算一般都是以基期的各种费用项目的实际开支数为基础，然后结合计划期间可能会使该费用项目发生变动的有关因素，从而确定在计划期应增、减的数额。零基预算是不考虑基期的费用开支水平，而是一切以零为起点，依据各个费用项目的必要性及其开支规模进行预算。定期预算是固定以一年为期的预算，其优点是便于把实际数与预算数进行对比，有利于对预算的执行情况进行分析和评价。其缺点是原来的预算难以适应新的、变化了的情况，容易导致管理人员缺乏长期打算。滚动预算是使预算期永远保持十二个月，每过一个月，立即在期末增列一个月的预算，逐期向后滚动。

四、财务控制

财务控制是在财务管理过程中，以财务预算或财务计划为依据，利用有关信息和手段，对企业财务活动进行适时的调节，以确保财务目标的实现。

从财务控制的类型上看，主要有以下三种方法：

（1）防护性控制，又称排除干扰控制。它是指在财务活动发生前，通过制定和执行一系列制度和规定，把可能产生的差异或目标的偏离予以排除的一种控制方法。例如，企业建立费用的开支范围、标准和相应的审批权限等制度，以规范和节约各种费用开支。

（2）前瞻性控制，又称补偿干扰控制。它是指通过对实际财务系统运行的监视，在掌握大量信息的基础上，运用科学的方法来预测可能出现的偏差，并及时采取一定的预防措施，使差异得以消除的一种控制方法。例如，为保持企业的偿债能力，应经常注意观察企业有关财务比率的现状，如流动比率、速动比率、现金比率和资产负债率等，研究其发展趋势，适时采取具有前瞻性的调整措施，以便这些财务比率经常保持在一个比较合适的水平。

（3）反馈控制，又称平衡偏差控制。它是通过对实际财务系统运行的监控，当发现实际与预算之间的差异后，认真分析并确定差异产生的原因，并采取相关措施，调整实际财务活动或调整财务预算，使差异得以消除或避免今后再出现类似差异的一种控制方法。

在财务控制中，反馈控制是经常使用的控制方法，因为实际财务活动偏离财务预算是企业经常发生的现象。这些现象的产生可能源于财务预测或财务决策的偏差，也可能源于有些影响企业财务活动的因素事前根本无法预计或无法准确预计。因此，平衡偏差是财务控制中经常要做的一项工作。

从财务控制的过程看，上述三种方法也可以表述为事前控制、事中控制和事后控制。

五、财务分析

财务分析是根据会计核算信息和其他相关信息，运用特定方法，对企业财务活动的过程及其结果进行分析和评价，以进一步获取财务管理信息的一项工作。通过财务分析，可以深入了解和评价企业的财务状况、经营成果；掌握企业各项财务预算指标的完成情况；查找企业管理中存在的问题并提供解决问题的对策。常用的财务分析方法有以下几种。

（1）对比分析法，又称比较分析法。它是将同一指标进行不同方面的对比，以分析和评价企业财务状况和经营成果的一种方法。它具体可以采取三种对比的形式：

①实际指标与预算指标的对比，以揭示预算的完成情况；

②同一指标的横向对比，以反映该企业在同行业中所处的地位；

③同一指标的纵向对比，以反映企业某一方面的发展趋势。

（2）比率分析法。它是将互相联系的财务指标进行对比，以构成一系列财务比率，用来分析和评价企业财务状况和经营成果的一种方法。

①反映相关关系的比率。在财务分析中，将两个性质不同但又互相联系的指标进行对比，并计算比率，用以深入反映企业的财务状况、经营成果和管理效率等情况。

②反映构成关系的比率。在财务分析中，经常将总体中的有关组成部分的指标与总体指标进行对比，并计算比率，用以深入反映企业财务活动中的有关情况。同时，也可以将总体中的各个组成部分，拿出来进行互相对比，用以反映某一总体内部的比例关系。

③反映对应关系的比率。在财务分析中，将两个不属于同一类，但它们之间存在相互适应和相对平衡等对应关系的指标进行对比，并计算比率，用以反映和评价企业某些财务关系的合理程度。

④反映发展变化的动态比率。它是将同一指标的不同时期的数值进行对比，并计算比率，用以反映某些方面的财务活动的动态变化情况和变化程度。

（3）综合分析法。它是结合多种财务指标、综合考虑影响企业财务状况和经营成果的各种因素的一种分析方法。企业一定的财务状况和经营成果，是影响企业经营的内外部诸多因素共同作用的结果。单一指标和单一因素的分析，有助于了解和评价企业财务状况和经营成果的某些侧面，而如果想要比较全面地了解和评价企业的财务状况、经营成果，则综合分析法就是一种合适的选择。综合分析法主要包括财务比率综合分析法和杜邦分析法两种。

六、财务管理各方法之间的关系

财务管理的核心是财务决策。财务预测是为财务决策服务的，是决策和预算的前提；财务决策是在财务预测的基础上做出的；财务预算是财务决策的具体化，是以财务决策确立的方案和财务预测提供的信息为基础编制的，同时，它又是控制财务活动的依据；财务控制是落实计划任务，保证财务预算实现的有效措施；财务分析可以掌握各项财务预算的完成情况，评价财务状况，以改善财务预测、决策、计划和控制工作，提高管理水平。分析既是对前期工作的总结和评价，又是对下期工作的经验指导或警示，在财务管理方法中起着承上启下的作用，随着财务管理的持续进行，正是因为分析的存在，才使预测、决策、预算、控制、分析首尾相接，形成财务管理循环。

第五节　财务管理的环境

企业的财务管理环境又称理财环境，是指对企业的财务活动和财务管理产生影响作用的企业内外各种条件的统称。按照存在的空间，企业财务管理环境可分为内部理财环境和外部理财环境。企业内部理财环境存在于企业内部，是企业可以通过采取一定的措施加以控制和改变的因素，主要包括企业资本实力、生产技术条件、经营管理水平和员工素质等；企业外部理财环境由于存在于企业外部，企业财务决策难以改变它们，更多的是适应其要求和变化。外部理财环境涉及的范围很广，其中最重要的是经济环境、法律环境和金融环境。本节主要讨论企业外部理财环境。

一、经济环境

（一）经济周期

市场经济的运行有其内在的规律。不论一个国家的经济管理水平有多高，也不管人们采取什么样的控制手段，经济不可避免地会呈现出繁荣、衰退、萧条、复苏再到繁荣的周期性特征。我国的经济发展与运行呈现出特有的周期特征，过去经历过若干次投资膨胀、生产高涨到控制投资、紧缩银根后进行正常发展的过程。经济的周期性波动对财务管理有着非常重要的影响。在经济周期的不同阶段，对财务管理提出不同的要求。例如，在萧条阶段，由于整个宏观经济不景气，企业很可能处于紧缩状态，产量和销量下降,投资锐减;在繁荣阶段,市场需求旺盛,销售大幅度上升,企业为了增加生产能力，可能要增添机器设备、存货和劳动力，需要财务人员为企业的发展筹集资金。

财务管理人员必须认识经济周期对公司理财的影响，预测经济的变化情况，研究在经济周期不同阶段的公司理财的策略，掌握在经济发展波动中理财的本领。

(二) 经济政策

经济政策是指国家或政府为了增进社会经济福利而制定的解决经济问题的指导原则和措施，它是政府为了达到一定的目的在经济事务中有意识的活动，包括财政、税收、金融、价格和物资流通等各个方面的政策。经济政策对企业的理财活动会产生重要的影响。例如，国家为防止通货膨胀，采取紧缩性的货币政策，贴现率上升，法定准备率提高，在金融市场发行政府债券以回笼货币。这些措施会使市场的资金供应减少，企业筹资困难，筹资成本上升。

企业财务人员应研究不同的经济政策对企业理财活动可能造成的影响，按照政策导向行事，趋利除弊，使经济政策更好地为企业理财服务。

(三) 经济发展水平

经济发展水平对财务管理有重大影响，经济发展水平越高，财务管理水平就越好；经济发展水平越低，财务管理水平就越低。近年来，我国经济保持持续快速的增长态势，企业扩大生产规模，调整生产方向，拓展更广阔的市场空间,这给企业拓展财务活动的领域带来了机遇。同时，由于经济高速发展，资金紧张将长期存在，这给企业财务管理带来了严峻的挑战。随着我国国际经济交往日益增多,财务管理水平也在不断提高。因此,企业财务管理工作者必须积极探索与经济发展水平相适应的财务管理模式。

二、法律环境

市场经济的重要特征就在于它是以法律规范和市场规则为特征的经济制度。法律为企业经营活动规定了活动的空间,也为企业在相应空间内自由经营提供了法律上的保护。影响财务管理的主要法律法规有企业组织法规、税法、财务法规和其他法规等。

(一)企业组织法规

企业组织必须依法设立,组建不同企业,要依照不同法律规范。企业设立以及设立后开展的各项活动,包括财务活动,都必须依法进行,企业的自主权不能超越法律的限制。

《中华人民共和国公司法》(以下简称《公司法》)所称公司是指有限责任公司和股份有限公司。公司这一组织形式是西方大企业普遍采用的企业组织形式,也是我国建立现代企业制度过程中选择的企业组织形式。

《公司法》对公司企业的设立条件、设立程序、组织机构、组织变更和终止的条件与程序等都做了规定,包括股东人数、法定资本的最低限额、资本的筹集方式等。《公司法》对公司生产经营的主要方面也做出了规定,包括股票的发行和交易、债券的发行和转让、利润的分配等。作为一个公司的财务管理人员,必须熟悉掌握相关的企业组织法规,依法设立企业，并按照相关法律的要求来开展公司理财活动。

（二）税法

税法是国家制定的用以调整国家与纳税人之间征纳活动的权利与义务关系的法律规范的总称。它是国家依法征税、纳税人依法纳税的行为准则。

按照税法的征收对象的不同，可分为流转税、所得税、资源税、财产税、行为目的税等。

1. 流转税法

流转税法是对货物的流转额和劳务收入额征税的法律规范，主要包括增值税、消费税、营业税和关税等税法。其特点是与商品生产、流通、消费有着密切的联系，不受成本费用和利润多少的影响，易于发挥对经济的宏观调控作用。流转税被世界各国，尤其是被发展中国家重视和运用。

2. 所得税法

所得税法是对纳税人的各种所得征税的法律规范，主要包括企业所得税、外商投资企业和外国企业所得税、个人所得税等税法。其特点是可以直接调节纳税人的收入水平，发挥其公平税负和调整分配关系的作用。所得税法已被世界各国普遍采用，在市场经济发达和经济管理水平较高的国家更受重视。

3. 资源税法

资源税法是对纳税人开发利用各种应税资源征税的法律规范，主要包括资源税、耕地占用税、土地使用税等税法。其特点是调节因自然资源或客观原因所形成的级差收入，将非经主观努力而形成的级差收入征为国家所有，避免资源浪费，保护和合理使用国家自然资源。

4. 财产税法

财产税法是对纳税人财产的价值征税的法律规范，主要包括房产税、契税、遗产税等税法。其特点是避免利用财产投机和财产的闲置浪费，促进了财产的节约和合理使用。

5. 行为目的税法

行为目的税法是对纳税人的某些特定行为以及为实现国家特定政策目的征税的法律规范，主要包括印花税、屠宰税、筵席税、固定资产投资方向调节税、城市维护建设税、车辆购置税等税法。其特点是可选择面较大，设置和废止相对灵活，可以因地制宜地制定具体征管办法，有利于国家对某些特定行为的引导。

任何企业都有纳税的法定义务。纳税要增加企业的现金流出，对企业理财有重要影响。企业都希望在不违反税法的前提下减少税务负担。税务负担的减少，不能通过偷税漏税等违法行为来实现，只能靠投资、筹资和利润分配等财务决策时的精心安排和筹划。因此，对财务主管人员来说，精通税法有着重要的意义。

（三）财务法规

财务法规是规范企业财务活动，协调企业财务关系的行为准则，主要包括企业财务通则和行业财务制度。

1. 企业财务通则

企业财务通则是各类企业进行财务活动，实施财务管理的基本规范。我国现行的《企业财务通则》是由中华人民共和国财政部制定的，它对建立资本金制度、固定资产的折旧、成本的开支范围、利润的分配等内容都做出了明确的规定。

2.行业财务制度

行业财务制度是根据企业财务通则的规定，为适应不同行业的特点和管理要求，由财政部制定的行业规范。其具体包括工业、运输、商品流通、邮电通信、金融保险、旅游和饮食服务、农业、对外经济合作、施工和房地产开发、电影和新闻出版十大行业的财务制度。行业财务制度分别根据各行业的业务特点，对各行业企业财务管理从资金筹集到企业清算等全过程做出具体规定，是企业进行财务活动必须遵循的具体制度。

（四）其他法规

除上述法规外，与企业财务管理有关的其他经济法规有证券法、结算法、合同法等。企业财务管理人员应该熟悉这些法规，在守法的前提下进行财务活动，处理财务关系，以实现企业财务管理的目标。

三、金融环境

企业总是需要资金从事投资和经营活动，而资金的取得，除了自有资金外，主要从金融机构和金融市场取得。金融政策的变化必然影响企业的筹资、投资和资金运营活动。所以，金融环境是企业财务管理最为主要的环境因素。金融环境因素主要有金融机构、金融市场和利率等。

（一）金融机构

社会资金从资金供应者手中转移到资金需求者手中，大多要通过金融机构。金融机构包括银行业金融机构和其他金融机构。

1. 银行业金融机构

银行业金融机构是指经营存款、放款、汇兑、储蓄等金融业务，承担信用中介的金融机构。银行的主要职能是充当信用中介、充当企业之间的支付中介、提供信用工具、充当投资手段和国民经济的宏观调控手段。我国银行主要包括各种商业银行和政策性银行。商业银行，主要包括国有商业银行（如中国工商银行、中国农业银行、中国银行和中国建设银行）和其他商业银行（如交通银行、广东发展银行、招商银行、光大银行等），国家政策性银行主要包括中国进出口银行、国家开发银行等。

2. 其他金融机构

其他金融机构包括金融资产管理公司、保险公司、证券公司、信托投资公司、财务公司和金融租赁公司等。

（二）金融市场

金融市场是指资金供应者和资金需求者双方通过金融工具进行交易的场所。金融市场可以是有形的市场，如银行、证券交易所等；也可以是无形市场，如利用电脑、电传、电话等设施通过经纪人进行资金融通的活动。

1. 金融市场的种类

金融市场按组织方式的不同可划分为两部分：一是有组织的、集中的场内交易市场，即证券交易所，它是证券市场的主体和核心；二是非组织化的、分散的场外交易市场，它是证券交易所的必要补充。本书主要对第一部分市场的分类做介绍。

（1）按期限划分为短期金融市场和长期金融市场。

短期金融市场又称货币市场，是指以期限1年以内的金融工具为媒介，进行短期资金融通的市场。其主要特点有：①交易期限短；②交易的目的是满足短期资金周转的需要；③所交易的金融工具有较强的货币性。

长期金融市场是指以期限1年以上的金融工具为媒介，进行长期性资金交易活动的市场，又称资本市场。其主要特点有：①交易的主要目的是满足长期投资性资金的供求需要；②收益较高但流动性较差；③资金借贷量大；④价格变动幅度大。

（2）按证券交易的方式和次数分为初级市场和次级市场。

初级市场也称为一级市场或发行市场，是指新发行证券的市场，这类市场使预先存在的资产交易成为可能。初级市场我们可以理解为"新货市场"。

次级市场，也称二级市场或流通市场，是指现有金融资产的交易场所。次级市场也可以理解为"旧货市场"。

从企业财务管理角度来看，金融市场作为资金融通的场所，是企业向社会筹集资金过程中必不可少的条件。财务管理人员必须熟悉金融市场的各种类型和管理规则，有效利用金融市场来组织资金的筹措和进行资本投资等活动。

2. 金融工具

金融工具是在信用活动中产生的、能够证明债权债务关系并据以进行货币资金交易的合法凭证，它对于债权债务双方所应承担的义务与享有的权利均具有法律效力。金融工具一般具有期限性、流动性、风险性和收益性四个基本特征。

金融工具按期限不同可分为货币市场工具和资本市场工具，前者主要有商业票据、国库券（国债）、可转让大额定期存单、回购协议等，后者主要是股票和债券。

（三）利率

利率也称为利息率，是利息占本金的百分比指标。从资金的借贷关系看，利率是一定时期运用资金资源的交易价格。利率在资金分配及企业财务决策中起着重要的作用。

1.利率的类型

利率可按照以下不同的标准进行分类。

（1）按照利率之间的变动关系，分为基准利率和套算利率。

基准利率又称基本利率，是指在多种利率并存的条件下起决定作用的利率，即这种利率变动，其他利率也相应变动。因此，了解基准利率水平的变化趋势，就可以了解全部利率的变化趋势。基准利率在西方通常是中央银行的再贴现率，在我国则是中国人民银行对商业银行贷款的利率。

套算利率是指在基准利率确定后，各金融机构根据基准利率和借贷款项的特点而换算出的利率。例如，某金融机构规定，贷款企业信用等级为AAA级、AA级、A级企业的利率，应分别在基准利率基础上加0.5%、1.0%、1.5%，加总计算所得的利率便是套算利率。

（2）按利率与市场资金供求情况的关系，分为固定利率和浮动利率。

固定利率是指在借贷期内固定不变的利率。受通货膨胀的影响，实行固定利率会使债权人利益受到损害。

浮动利率是指在借贷期内可以调整的利率。在通货膨胀条件下采用浮动利率，可使债权人减少相应的损失。

（3）按利率形成机制不同，分为市场利率和法定利率。

市场利率是指根据资金市场上的供求关系，随着市场而自由变动的利率。

法定利率是指由政府金融管理部门或中央银行确定的利率。

2.利率的一般计算公式

正如任何商品的价格均由供应和需求两方面来决定一样，资金这种特殊商品的价格——利率，也主要是由供给与需求来决定的。但除这两个因素外，经济周期、通货膨胀、国家货币政策和财政政策、国际经济政治关系、国家利率管制程度等，对利率的变动均有不同程度的影响。因此，资金的利率通常由三部分组成：①纯利率；②通货膨胀补偿率（或称通货膨胀贴水）；③风险收益率。利率的一般计算公式可表示如下：

利率＝纯利率＋通货膨胀补偿率＋风险收益率

纯利率是指没有风险和通货膨胀情况下的均衡点利率；通货膨胀补偿率是指由于持续的通货膨胀会不断降低货币的实际购买力，为补偿其购买力的损失而要求提高的利率；风险收益率是指投资人承担一定的风险进行投资，为对其风险补偿而要求提高的利率。风险收益率包括违约风险收益率、流动性风险收益率和期限风险收益率等。

第二章　企业财务管理的主要内容

第一节　精细化财务管理

随着社会经济的快速发展与进步，经济全球化的发展趋势变得更加显著，使得各个行业之间的竞争水平出现了较大的改变，交流也变得更为畅通。但同时，也使得我国各个行业之间的竞争压力变得空前之大，出现了各种各样的问题。针对这些问题，我国从政府层面不断地制定改革措施，从企业层面不断深化改革，从而为企业的快速和可持续发展提供强有力的保障措施。本节从精细化管理的角度，重点阐述了提高企业精细化财务管理的具体对策，旨在促进企业可持续发展。

一、企业精细化财务管理的基本内涵

所谓企业精细化财务管理，主要指的就是将企业财务管理工作细分，以促使企业财务管理水平显著提升，财务管理工作效率和质量显著提升，从而最终为提高企业经济效益水平服务。一般来说，企业采用精细化财务管理工作，不仅是将财务管理的相关内容和数据进行细分，而且还是为了提高企业的资金使用效率。通过开展精细化财务管理工作，不仅能够很好地促使企业财务管理水平显著提高，而且还能够促使企业良性发

展和运营。该模式是目前很多企业首选的一个财务管理模式。

二、当前企业精细化财务管理工作存在的问题分析

虽然目前很多企业均意识到财务管理对自身发展的重要价值，但是依然存在很多方面的问题。所存在的具体问题如下。

（一）精细化财务管理意识十分淡薄

在企业发展过程当中，若要实现财务管理，就应该强化企业自身的财务管理意识，强化企业内部的协作与沟通能力，从而有效提高财务管理水平。然而，在实际过程当中，有些企业的财务管理意识还很淡薄，并未构建一整套完善的财务管理制度与体系，且财务管理体系的构建仅仅是一种表面化的工作，并未将其落到实处。

（二）精细化财务管理相关资料及数据真实度较差

企业在开展财务管理过程当中，财务预算是一项十分重要的环节和内容，若不能有效地开展财务预算管理工作或者财务预算信息不合理、不规范、不真实，那么就很难提高财务管理的水平，也就很难达到理想的管理效果。当前时期下，有相当一部分企业仍然使用财务传统的人工预算方法，使得预算结果的真实性受到了非常大的影响，所得的数据也不够真实和科学，难以给企业管理层的决策提供有效的依据。

（三）未构建完善和健全的财务预算管理体系

企业若要更好、更高效地开展财务预算管理工作，离不开合理有效的监督机制，因为它是财务预算管理体制不断优化和走向发展的一个必

然路径。当前某些企业经费在使用方面，存在随意性强及规范性弱等方面的问题，究其根源，主要是由于某些企业过于追求社会效益，而没有正确对待经济效益。此外，很多企业内部并未设置专业化的财务预算监督机构，并未构架一整套完整的财务预算监管体系。

（四）财务管理监督机制严重匮乏

当前，我国一部分企业管理之中的财务核算监督职能不能达到显著的作用，致使企业财务管理工作受到很多方面的影响，然而当前时期下一部分的企业财务核算监督机构不能正常地发挥应有的效果的原因主要包括以下两个方面的内容：①企业不能对自身的财务管理进行规范化的管理，从而使其自身的职能水平欠缺；②企业所设置的财务机构中的工作人员的素质水平普遍较低，职业道德素养也不高，更甚者，其在财务管理监督意识方面也十分薄弱。

（五）财务管理在企业各项管理中的平衡地位被完全打破

当前，有一定数量的企业管理者对财务管理存在较大的误区，很多管理者均只是简单地认为财务工作就是记账、算账，只重视如何处理财务报表、应对银行等相关部门的各项财务业务等方面的工作。没有从本质上深入地了解以及把握企业内部资源的优化配置。那么，财务管理真正的内涵以及具体的职能也就无法充分地发挥出来，那么企业财务管理方面的工作也受到极大的影响①。

企业在现今快速发展的时代正面临着各种各样的挑战，同时企业自

---

① 欧阳征，陈博宇，邓单月．大数据时代下企业财务管理的创新研究 [J].企业技术开发，2015，34（10）：83-85.

身也存在着很多的问题，因此，对于企业的发展来说，需要精细化的财务管理，进而使得企业逐步稳定地发展，在财务管理的不断提升中，使得企业管理能够可持续性地发展与长存。

三、精细化财务管理的特色

对于企业财务管理的缺失，应该将思路加以明确，不单单是将管理工作进行得更为细致与精确，还需要有相应的思路以及方向，使得管理质量得以提高，企业运营效果与利润得以提升，企业要从多方面着手，既要认真执行，也要重视效率，进而实现精细化财务管理的目标。

（一）制度精细化

财务管理制度的精细化，能够建立健全财务制度的体系，制度精细化指的是财务的具体实施更具规范性，进而达到精细化的管理，企业需要凭借自身的实际情况来对财务部内控的制度加以严格的修正，将各个条款逐一细致化，使得其在制度建设中保有相应的原则，加强制定与完善各类财务管理制度，细化各类财务管理制度，使得财务管理依据相应的实用与严格的原则进而细化制度，经过细致且有效的制度监督以及管理的方式加以实施，防止制度执行力不高与制度模糊化等问题的产生。

（二）流程精细化

财务管理流程的精细化，能够进一步整理以及完善管理流程，流程精细化对于财务最终的工作效率以及内部控制的实施有着重要作用，企业需要加强细化财务预算，将各个系统能够依据预算执行的费用项目，整体纳入预算管理之中，并且分散于各处且具体落实于人，达到整体过程能够有效率的财务管理且优质的提前控制，依据相应的内部控制以及高效率工作的准则，进一步规范财务管理流程，逐步细化各项业务层面的具体操作规则，使得财务人员可以将全部重心转移到财务数据分析上，保证财务流程精细化能够进一步有序地进行。

（三）质量精细化

财务管理质量的精细化，能够加以监督并进行决策上的支持，加强贯彻与执行国家及企业的财政政策与法规，全面以及认真地将企业的财务状况加以反馈，注重细节，将信息加以完善，增强信息的可利用价值，强化对于资金的监管与控制，保证资金的安全性，将财务核算模式加以转变，将财务的事后核算转变成事前预算、事中控制以及事后监督，成为一体化的财务管理方式，在组织上确保预算体系得以正常进行。

（四）服务精细化

财务管理服务的精细化，能够加以沟通以及合作的动态化，财务人员需要具备财务服务精细化的理念，在一定时间内进入基层部门了解实际情况，努力做好资产管理方面的工作，加强与各个部门间的沟通和协商，将信息的反馈速度加以提升，形成良好的互动关系，运用相关的信息，进而使得各类活动可以有凭据所依靠。

四、精细化财务管理的实施方法

（一）企业内部实施成本预算管理

成本预算管理是将企业年度资产经营考核目标利润作为具体的依据，

将企业年度预测的各项数据作为已知变量，计算出企业年度总体的预算收入，进而推算出企业年度总的需要控制的费用，优质的成本预算管理，应该将成本预算先具体地落实，将实际成本费用的核算时间划分为月度、季度与年度三种，同时结合相对应的企业财务会计报表，进而将其作为成本费用控制的依据，此外，还需要将其和各个部门的成本预算加以对比，准确地寻找到管理的缺失，并采取具体的方案加以解决。

（二）精细化管理认真落实

将促进经济效益的提高作为主要的目标，使精细化管理加以落实。第一，在安全性的管理上，落实安全生产责任制，制定具体的安全管理方案以及准则，做到各项条款更为的精细及确定，将安全责任加以着重划分，确保责任目标加以具体地落实。第二，对于企业的管理制度来说，应充分地发挥综合管理的作用，逐步改善企业中的预算管理、资产管理以及精细化管理制度，强化日常的管理与监督等方面加以制度的设立。第三，在企业资产经营方面，实施目标责任制，所有的工作人员形成良好的成本管理意识，将企业经营的总体目标细化于各个部门。第四，将成本预算与薪酬考核结合起来，同时将精细化管理目标达到的效果作为薪酬考核的内容之一。第五，对于企业预算资金的运用，需要实施以月度计划的方式进而进行控制，以月对于资金的使用计划加以划分，使得企业资金能够在可以控制的范围之内。第六，对企业成本管理设立细致的标准，给予企业成本管理的目标以及责任加以细化。第七，逐步改善企业内部的审计制度，实施严谨且规范化的管理，将企业的经营风险进行降低。第八，建立健全有效的企业实物资产管理制度及措施，进一步深化精细化财务管理的内容。

　　综上所述，精细化财务管理具备其独有的特色，对于企业的发展具有重大的价值。同时，需要遵守精细化财务管理的实施方法，并且加以具体地应用及推广，进而使得企业的管理水平加以提高，企业自身也能够蓬勃发展、蒸蒸日上。

第二节　财务管理中的内控管理

内控管理能直接影响财务管理，所以当代公司都非常重视内控管理。一个好的内控管理方法能对公司的运营起到积极作用，不但能减少公司运行成本，还可降低生产成本，既能保障公司资产安全，又能有效地为公司降低财务管理风险，为公司管理层提供切实可行的财务数据，有利于更好地发挥内控管理的作用。

一、内控管理对财务管理的作用

市场经济的发展需要公司完善内控管理工作，预防公司在经营过程中出现的危机。公司内控管理措施的执行力与财务管理工作是息息相关的，会直接影响到公司经营的经济效应。虽然现在不少公司领导层都开始重视内控管理，但还是有少数公司领导并不那么重视内控管理，对财务管理工作也没有起到监督作用。事实上，内控管理对财务管理有着非常重要的作用。

（一）有利于保护公司资产

内控管理能有效保护公司资产安全，使公司健康发展，因为内控管理人员需将公司全部财产进行核查与控制，并清楚公司每一笔流动资金，所以能确保财产安全，避免公司出现挪用公款的情况。公司财务管理部门根据公司现状拟定相关管理制度，并对物资处理做出详细规定，这样能提升公司财务管理方面的专业水平。同时，也能有效防止贪污的现象，公司在正常运营下也提高了外部竞争力的积极作用。

（二）提高财务信息真实性

内控管理能提高公司财务信息的真实与可靠性，完善公司内控管理制度对财务管理有着重要影响，要拟定详细的财务信息处理方法与控制方案。比如将财务信息资料进行审核复查，经过内控管理完成公司财务信息的校对，及时发现财务管理中的问题，从而及时改正，有利于降低资产损失，财务信息越真实越有利于公司财务管理的发展。

（三）公司经济效益得以提高

完善内控管理是提高公司经济效益的有效方法，加强内控管理并发挥内控管理在经营管理中的作用，能够提高公司财务管理水平。建立完善的公司内控制度能充分利用内控管理制度的资金调节作用，使资金使用的合理性得以提升，并有利于加强公司发展的自我约束力。

早在 2008 年我国开始实行内部控制基本规范，成为我国企业内部规范管理体系当中的重要内容。各大企业都需要不断完善自身内部控制管理体系，这样才能更好地促进企业的发展。现阶段，我国大多数企业的内部控制体系已经得到全面发展，广泛覆盖在各个生产经营阶段，并且涉及中小型企业的所有层面。企业内部控制的主要内容在于控制环境、识别和评估风险、控制企业决策以及经济活动等，沟通与反馈信息，评价和监督。企业在发展期间建立内部控制制度的必要性主要体现在国家层面和企业层面，首先国家对于内部控制实行了相关规定，同时企业发展也需要内部控制制度的规范，企业不断完善自身内部控制可以在较大程度上加强企业的效益和工作效率，能够有效避免企业在经营期间出现管理风险以及舞弊行为等。企业管理人员按照实际发展情况，全面建设企业内部环境，在此基础之上建设控制规范和约束机制，进一步加强企业内部控制的实效性，正确评价自身内部控制制度。

二、内部控制在财务管理当中的范围

财务管理内部控制主要是系统整合企业各个财务活动与生产经营活动，并且通过财务方式将企业各个部门有效联系起来，这样有助于企业管理人员进行科学的经营决策，有效监督和约束企业各个层次的财务活动。实行内部控制机制可以在较大程度上加强企业的经营管理效率，实现最大化的资产收益。企业内部控制的科学性和实效性可以帮助企业做好财务预判，降低运营风险。此外，内部控制机制也能够帮助企业控制和管理企业资金，全面发挥资金的价值，为提升企业的发展和经济效益提供良好的发展动力和经济基础，进一步加强企业的市场竞争力。

（一）内部控制是控制机制的重要组成部分

在企业控制机制当中，内部控制机制属于重要的组成部分，主要表现在以下方面：第一，结构控制体系，该体系是在"二权分立"基础上发展的，能够全面展现出代理与委托之间的关系，利用合法措施确保企业可以顺利开展企业内部控制，这样可以确保投资者的效益。第二，管理控制体系，该体系存在较多的形式，主要包括定期换岗制度、员工道德素质培养、预算控制控制以及内部监督制度等，这将在较大程度上影响代理人的责任的成功性。第三，会计控制体系，该体系也可以称为核算控制，按照控制内容的差异性、控制实物、纪律以及基本控制等，基本控制可以从根本上确保会计控制。

（二）内部控制保障资金安全

建立企业内部控制能够全面保障企业的财产安全。其一，内部控制可以加强控制企业的流动资金，全面保障流动资金的安全运行。在部分企业发展期间存在较大的货物流动性，并且会涉及较多的环节，这就需要不断规范内部控制，避免出现安全问题。其二，企业内部控制能够保护固定资产和长期资产，按照企业的实际发展状况来调整财产，并且传输安全的资产信息，这样使企业在外部投资期间可以正确认识自身情况。

（三）内部控制降低企业经营风险

企业建立内部控制，有助于企业领导层面获取企业发展的最新信息，之后按照信息做出正确的决策，全面降低企业的经营风险，促进企业实现发展目标，建立企业文化。内部控制制度能够为企业管理人员提供最新的财务信息和经营信息，之后，按照企业的实际发展方向做出判断，以此适应市场的发展规律，这样可以降低外部环境对企业的影响程度。

（四）内部控制是企业发展的必然要求

随着市场经济的不断发展，企业需要全面进行改革创新，为了适应企业的发展需要借助于内部控制制度的作用。这样不仅可以改善企业的外部环境，还能够改进微观机制。在实行内部控制制度时，不仅需要全面学习企业内部控制理论和发展经验，还需要正确认知企业进步，企业发展以及企业管理之间的关系，企业在该发展背景之下，为了提升自身发展水平，需要全面建立内部控制机制。

（五）提升企业财政管理的水平，适应财政改革的发展

长期以来，我国不断践行财税体制的深化改革，提升财政管理水平。现阶段出现了较多的关于财政改革的政策措施以及管理制度，全面落实了财政改革与管理，但是这也相应带来了较多弊端。存在部分财政政策在建立实施过程中缺乏充足的时间，这样就导致较多的政策细节没有经过论证就开始践行，往往会产生较多的问题，并且在一定程度上呈现碎片化的业务流程以及相关管理措施，没有进行全面系统的考虑，严重时会造成财政政策与实际工作情况出现脱节或者自相矛盾的情况，降低了财政管理部门的工作效率。所以，在进行财政管理内部控制建设工作时，要细化各项工作流程，优化管理业务，这样才能从根本上提升财政管理的工作效率和工作质量，进一步实现现代化的财政管理制度。此外，事业单位或重要企业也必须重视各自的财政部门，并积极进行内部控制建设工作，这是各级财政部门所要面对的重要问题。

三、财务管理过程中内控管理的措施

内控管理是公司财务管理中的核心所在，在这个竞争压力如此大的市场环境中，一个公司若没有好的内控管理制度，公司内部的竞争力就会下降，从而对外部竞争直接造成影响，所以，公司必须加强内控管理，提升公司财务管理水平。

（一）建立完善的财务管理内控制度

公司在财务管理内控方面应注意这几个点：①在财务管理过程中应

与互相制约的制度进行融合，完善以防范为主的监督制度。②设置事后监督制度，在会计部门的会计核算部分对各个部分展开不定时检查，并进行评价，再依照相关制度展开不同的奖惩，并把最后结果反馈给财务部负责人。③以目前有的审计部门作为基础，建立一个完全独立的审计委员会，审计委员会会员可通过举报、监督等方式对会计部门进行监督控制。

（二）提高公司财务人员的职业规范，完善内控管理

财务管理制度需要有人执行，从而就会受到公司制度的管理与职业素养方面的约束，而在这方面，公司领导者应带领工作人员严格依照内控管理制度执行，而且还要加强对会计人员对专业知识的培训，提升其专业水平，并对会计人员进行职业道德教育，以增强会计人员的自我约束能力，严格按照公司规章制度行事，提升工作能力，降低错误发生率，做好内控管理的工作。

（三）加强内部审计监督

内部审计监督是公司财务管理控制的重要组成部分，有着不可动摇的地位，是内部监督的主要监管方法，尤其是在当代公司管理中，内部审计人员将面临新的职责。公司应建立完善的审计机构，充分发挥审计人员的作用，为公司内控管理营造一个良好的环境。

（四）加强社会舆论的监督

当前，我国有些公司财务部门的会计在管控制度方面还不够完善，相关管理人员的业务能力与职业素养有待进一步提高，仅仅依靠会计人

员的自觉性与政府的监督力度是不够的。所以，政府应大力推进会计从业发展，积极利用其职责发挥社会监督的作用，从而能够起到内控管理制度的发展与完善，使市场经济秩序稳定发展。

（五）重视内控管理流程

资金管理是公司财务管理中最重要的内容，财务管理人员应对资金使用情况进行严格审批管理，使资金管理更具合法性。例如固定资产管理，财务部门可派专门人员对其进行单独的管理，对某一项目资产管理时，公司应对其预算有严格的审批，只有标准的额定费用使用机制，公司资金才能发挥最大的作用，才能保障周转速度一切正常。

综上所述，公司财务管理中内控管理的重要性非常大，这种重要性不仅体现在经营方面，还体现在公司资金应用方面。在优胜劣汰的市场竞争环境中，公司必须加强内控管理制度，以保证公司的资金安全，从而有效降低财务管理风险。

第三节　PPP 项目的财务管理

随着经济的快速发展，社会公共基础设施的建设也在不断地加强，而 PPP 模式（政府和社会资本合作模式）的应用能够有效地促进基础设施的建设，同时又能带动社会资本的发展，这种政府与企业合作共赢的模式因此而得到广泛的应用。目前由于 PPP 项目模式应用时间不长，且其应用过程中常会出现一些问题，只有通过分析目前所存在的问题，并不断进行完善，才能促进 PPP 模式来带动社会有效发展。

一、PPP 模式的定义

PPP 模式即 Public Private Partnership 的首字母缩写，是指政府与私人组织之间，为了合作建设城市基础设施项目，或是为了提供某种公共物品和服务，以特许权协议为基础，彼此之间形成一种伙伴式的合作关系，并通过签署合同来明确双方的权利和义务，以确保合作的顺利完成，最终使合作各方达到比预期单独行动更为有利的结果。

二、PPP 项目的特点

PPP 项目是由政府与社会资本之间合作开展的，不过两者的目的有区别。社会资本的主要目的是通过项目来获取利益，而政府的主要目的是完成基础设施建设，带动社会发展。目的不同就会对项目的实施过程造成一定影响，而通过签订合理的合同可对社会资本、政府相关行为进行约束，进而控制项目开展的过程正常化。社会资本在保证利益最大化的情况不能对项目公益性造成影响，同时，政府在公益性保证了的情况下不能对社会资本的利益造成损害，这是一种共同保护双方利益的方式。双方由于社会角色的不同，掌握的资源也不同，社会资本主要掌握着经营管理资源及先进技术资源等，而政府则掌握着行政方面的资源。因此，资源共享才能够促进项目建设的效率和质量的提高，这是一种资源共享的特点。在 PPP 项目计划和启动阶段，均是以政府部门为主导进行相关研究和分析，社会资本也可参与前期研究分析，在项目实施后由两者共同管理，在共同管理中社会资本需与政府多个部门交流合作，使两者合作关系更为复杂。

三、PPP 项目中财务管理问题

（一）项目中的资金管理问题

如今，我国的 PPP 管理模式中项目资金管理力度较弱，主要存在会计核算不准确的问题，还有一些社会账本存在模糊的问题，项目资金经常不能拨付到位，使得资金使用效率低下。

（二）财务预算过程中执行不到位

预算管理是公司进行财务管理时的主要内容，在预算管理时工作职能得以实现，可以对项目资金进行科学管理和使用。在 PPP 财务管理中经常出现财务管理缺失的问题，还有的公司在使用传统预算管理，对新预算法没有完全执行。同时也会出现一些执行新预算法的单位，但是相关制度却没有落实，预算管理口径不统一，在项目建设中存在较多需要落实的地方，因此建设进程中要准确地预算管理。

（三）财务内部控制缺失的问题

PPP项目在管理过程中会出现制度不完善和公司控制不到位的问题，这些也是保证项目获得收益的重要障碍。还有一些问题，如内部控制缺乏无法对项目进行有效控制，同时部分项目中还有政府资金，这样便造成对建设成本控制缺乏高度重视，这些造成项目中的成本管理没有起到应有的作用。项目公司在正常管理中方式较为粗放，内部控制制度没有受到足够的重视，这些也是较为普遍的问题。企业对内部管理的认识不足，单纯片面地认为内部控制是为了对企业生产建设成本进行压缩，也存在将内部控制跟财务建设等同的问题。这些问题都制约着内部控制工作的进行[①]。

（四）融资投资管理问题

在PPP模式下，政府投入的财政资金相对较少，很多资金都是政府依靠社会进行融资。融资过程中社会资金的费用相对较高，支出较大，但是我国暂时还没有形成良好的担保体系，融资管理体系不健全。PPP项目都是一些较大的项目，涉及范围较广，这样便容易造成社会资本断链或者资金收回不理想的风险。

（五）风险管理问题

有一些地方政府存在盲目建设的问题，社会资本追求短期利益。这时便出现一些不适合进行PPP的项目也在使用这样的方法，这些地方的

---

① 唐清安，韩平，程永敬，等.网络课堂的设计与实践[M].北京：人民邮电出版社，2003.

企业没有在前期进行完整的风险预测，在整个过程中也没有进行风险控制，在后期出现严重亏损的，这样便会导致出现资金紧张和违约风险提高这些问题。

四、PPP 模式下的项目管理财务管理策略

（一）建立完善的风险识别和控制体系

PPP 项目在建设的过程中存在多主体的问题，在经营一段时间之后发现投资收回速度太慢，如果想快速的收取回报则不应该使用这种方式。在使用这种方式的时候，一定要加强风险共担思想。政府与投资公司要承担一定的政治风险、管理风险以及收入较低的风险。建设单位则要承担运行移交风险。同时，两者还要共同承担起自然灾害和市场经济等这些不可抵抗风险。在整个 PPP 项目中各个参与方是风险共同体，所以在合作的时候一定要时刻关注自己的风险，一定要用使自己的风险较低的方式进行，也可以建立风险共同承担的机制，使用各种创新办法和协作实现风险化解。

（二）努力加强预算管理和资金控制

在项目投资之前一定要进行相关分析，要建立起完善的预算管理制度，这样保证投资决策时资料可靠。要依据资金和人员以及材料设备等各个因素对项目进行全面筹划。使用先进的投资财务管理模式进行科学计算跟投资回报计算，这样的方式可以增强资金管理控制与制定合理的投资比例。

（三）加强成本控制

PPP 项目中一般建设的时间较长，回报率也低，建好之后相关的运行维护成本也较高。因此在进行项目管理的时候可以对成本进行科学规划和控制。最重要的是对总成本和经营过程中的成本进行估算，制定出合理的单位成本折旧年限以及总生产费用、销售费用等。使用各种途径对项目的运行成本进行控制，同时还可以依照营业额跟收入进行投入跟回报比的计算，这样的方式确定出合理的投资回收期以及动态回收期财务内部报酬率相关指标。

（四）加强财务分析，完善定价制度

参与的各个单位一定要不断调整好财务管理上的目标差异，逐渐统一管理目标，这样才能实现资源的价值最大化和效益最大化。资产定价制度也要逐渐完善，对财务分析也要加强，还可以通过实行定价机制的监管，跟社会物价的有关指标进行对比，使用市场手段不断进行调节。这样才可以防止社会资本对公共利益造成损伤，严格防止资本的趋利性，从根本上保护建设项目的效益和社会资本的收益。

PPP 模式现在很多部门都在使用，政府和民间资本的合作，通过政府监管，可以将企业的财务制度不断完善。这些对于提高项目财务管理效率同时让企业的决策更加科学。在这种模式之下，政府也对相关的民间资本进行一定的支持，在法律层面进行肯定，这样才可以促进企业和政府合作的加强，保证 PPP 模式为更多的项目提供良好的保证，也为经济的发展提供充足的动力。

第四节　资本运作中的财务管理

随着我国市场经济的不断发展，企业也面临着一系列的改革，特别是在"营改增"的背景下，这对企业的财务管理提出了新的要求。为了提高企业在市场中的竞争力，企业必须不断加强自身的资本运作能力，这样才能够实现"钱生钱"。从当期企业结构分析，财务管理与资本运作相辅相成，也可以说财务管理服务于企业的资本运作，一个是微观资金活动，另一个是宏观资金活动。资本运作相比商品运作的概念是相互对应的，主要是指资本所有者对其自身所拥有的资金进行规划、组织、管理，从而实现资产升级。企业发展必须要有资金支持，而较大的资金投入会加大企业经营风险，这就需要企业能够不断优化自身的资本结构，从而获得更多的经济效益。

一、企业资本运营的特点分析

（一）价值性

企业资本运行的核心特点就是价值性，也就是任何资本运营活动都要推动企业相关产品升值或获取经济效益。企业资本运作的侧重点并不是资产自身，更是企业所有资产所彰显出的价值。在开展企业资本运作过程中，任何活动都必须考虑成本，从而综合反映成本占用情况，这样才能够分析出企业资产价值，通过对边际成本与机会成本相互比较和衡量，为企业决策提供有力依据。

（二）市场性

市场性特点作为资本运作的基本特点，在市场经济大背景下，任何经济活动都要依托于资本市场，这样才能够跟上市场的发展步伐，满足企业的发展需求。因此，企业资本运作必须要能够通过市场的检验，才能够了解资本价值大小与资本运作效率的高低。可以说，企业资本之间的竞争就是要依托市场活动才得以完成，这也是当今资本市场和企业资本运作的一大特点。

（三）流动性

资本运作就是一个资本流动的过程，例如我们常说投资就是一种资本运作，通过前期大量投资，从而不断获取相应的回报，因此，流动性是资本运作的主要形式，这样才能够在不断的流动中实现产品增值。对于企业而言，企业的资产不仅仅是实物，也不单是要求实物形态的完整性，而是实物资产的利用率是否能够在流动中获得更多的经济效益。

二、强化财务管理，优化资本运作

综上所述，企业资本运作是获取经济效益、实现资产增值的重要手段。企业财务管理作为企业管理的核心内容，对企业的发展有着重要影响。因此，我们必须充分发挥财务管理的积极作用，推动企业资本运作的优化、升级，从而推动企业健康发展。

（一）强化会计核算工作，完善财务管理

从微宏观角度分析，企业财务管理是企业资本运作中的重要组成部

分，因此，实现资本运作会计核算，就是将企业资本投入生产经营活动中，从而形成在生产经营中实现会计核算，加强生产的成本的控制。最终目的就是能够运用企业资本提高自身的生产经营能力，并从事多种生产经营活动，从而实现资产保值、增值，以及提高企业的经济效益。再者，通过产权交易或分散企业资本，从而让企业资本结构能够进一步优化，为企业发展带来更多的经济效益。产权交易主要有两个层次，一是经营者根据出资者所提供的经营产权资本，从而实现资本保值、增值的目的；二是根据财产权来经营，从而满足经营目标，获得更多的经济效益，因此，在产权资本运营核算中，必须要从这两大方面出发。

（二）完善企业财务管理

在市场经济下，企业财务管理面临着多方面的挑战，一是企业财务管理风险增加；二是企业还处于营改增的过渡阶段；三是影响企业财务管理的因素增减。可见，财务管理不单单是针对企业生产经营活动领域，同时也涉及国内外市场、政策影响等。如今，多种经营方式与投资机遇呈现在了企业面前，任何经济活动都成为"双刃剑"，这就要看企业资本运作中的财务管理是否得当，根据投资组合方式，制定资本运作的盈利目标，并提高自身的抗风险能力和融资能力，从而丰富资本运作活动。因此，在资本运作过程中，加强财务管理至关重要。

（三）完善资本运作中财务管理制度

要想充分发挥财务管理的积极作用，就必须提供相应的制度支持，这样才能够保障财务管理的有效性与完善性，降低企业财务风险。因此，企业需要设置独立的财务机构，并构建高素质专业人员，配备相应的核算人员、总会计师、资金分配人员等，为制度确定奠定坚实的基础。对于资本运作中的相关材料，必须要能够将会计原始资料作为企业资本运作与生产经营的核心资料，并统一资料的形式与内容，实现有序挂历、规范存档，明确财务管理工作人员的相关责任，避免出现财务工作操作失误等问题。结合《企业财务通则》、《会计法》、市场环境、企业内部环境，从而制定更加完善的财务管理制度，明确不同岗位的工作要求，为资本运作提供制度基础。

综上所述，随着我国市场经济的不断发展，企业之间的竞争愈演愈烈。因此，企业必须通过加强资本运作来提高自身的市场竞争力，提高企业的经济效益，实现资产保值，充分发挥财务管理的积极作用，为资本运作奠定坚实的基础。

第五节　国有投资公司财务管理

在我国市场中，投资公司处于发展阶段，然而，由于投资公司能够在降低投资风险的基础上推动其他相关行业的发展，因此这一行业的出现也标志着我国金融服务行业的快速发展。在实际发展过程中，金融市场竞争趋势也越来越激烈，这也为各个国有投资公司提出了严格的要求，需要加大财务管理力度、提升管理水平，才能应对金融市场的变化。因此，下面便主要针对国有投资公司的财务管理工作进行了研究与讨论。

一、国有投资公司财务管理基本内容概述

通过对财务管理的了解可知，国有投资公司内部的财务管理工作，需要将工作的重点集中在以下几个方面：①加大财务基础管理力度，在公司内部建立与市场经济需求、国有投资公司特点相符合的财务管理机制，并且在进行日常管理的同时与国际市场相连接。②加强资金统一调度与运作全过程管理力度。资金的筹集最主要的是争取到政府方面的财政资金，在此基础上要积极向海外市场扩张，以实现融资。对于资金的使用，要始终以安全、流动、效益为基本原则，做到量入为出，遵循长短结合和科学筹划的要求，全面降低公司内部的融资、运营、管理等环节的成本，以此来提升资金使用效益。③通过行之有效的管理方法，致力于规避财务风险，对公司内部的负债结构与负债管理方法，保证公司的资产结构与长、中、短期债务相适应。④在公司内部落实债权风险管

理机制与逾期贷款清理责任制。⑤加大对公司财务改善的重视，使公司的投资与运行能够有足够的现金流支持，并且能够满足公司业务拓展与还本付息的根本需求。

二、国有投资公司的性质与目的

我国国有投资公司产生于20世纪80年代中后期，是由政府全额出资，以贯彻政府公共职能为核心目的，主要从事基础设施、基础产业和部分支柱产业投资的投资主体和经营主体。其性质是一种特殊的国有企业，行使出资权力，是国有资产配置的代理者。国有投资公司作为经济发展的一支中坚力量，在新形势、新机遇的挑战下，不仅要执行政府意图，关注民生，根据政策对基础产业进行投资，而且其又是市场竞争的主力，依据自主经营、自负盈亏、自我发展的原则，实现国有资产的保值与增值。做国有投资公司的目的是保值增值、发挥模范带头和经济导向作用，优化国有资产配置和布局，最终使政府所指定的宏观调控完美实现。

三、国有投资公司的财务管理模式

（一）集权制管理模式

集权式财务管理模式是指国有投资公司的各种财务决策权集中于母公司，母公司集中控制和管理投资公司内部的经营和财务并做出决策，而子公司必须严格执行。财务管理决策权高度集中于母公司，子公司只享有少部分财务决策权。集权管理主要是集中资产管理权。集中资产管理权不仅涉及决策权，而且包括经营权及部分的业务控制权。

一般来说，成本低、效率高的集权性决策，对于母、子公司间的配置资源和战略协调方面有着很大的优势，但是它也有不利的一面，就是承担的风险相应较高，经营决策水平和决策者的战略分析判断力决定着决策是否正确，一个决策的失误，就可能会破坏公司整体发展，甚至使公司走向衰亡。

（二）集权与分权结合的财务管理模式

集权与分权结合模式的特点主要为：制度方面应该在集团内部制定统一的管理制度和职责，使得财务权限和收益分配方法明确，各个子公司应该依据自身的特点在母公司的指导下遵照执行，特殊情况再予以补充说明；管理方面应该充分利用母公司这一强大的支柱力量，集中管理部分的权限；经营方面，要从制度出发，充分调动子公司的生产经营的积极性。

财务机制出现的一些僵化局面一般是由极端的集权和子公司的不积极主动造成的，这必然导致财务机制的僵化；反之，分权的极端化，必定会导致子公司以及它的生产经营者过度追求经济利益导致失控状态的产生，对整体利益造成严重破坏。合适的集分权相结合不仅能充分发挥母公司财务的调控职能和激发子公司的生产积极性与创造性，还能将子公司的风险控制住。这种模式的运用防止了过分集权或分权而导致的危害，充分发挥了集权和分权的优势。

四、国有投资公司财务管理模式的优化策略

（一）加强国有控股企业的财务管理

从财务风险管理的角度，国有投资公司应以财务监管为抓手，结合自身的业务特点，对于项目单位的管理体系不断进行规范和完善，以使得财务的内控系统更加健全，将财务风险降低至零。

（1）实行全面预算的管理。对关于财务监管机制方面的项目单位战略协同，要加强其财务预算管理与控制能力。确保预算的顺利进行，即确保了项目单位的权力分配和实施。公司对项目单位在按年、季、月编制财务预算的基础上，对预算的执行情况进行分析，及时纠正错误，补缺漏洞，结果要实施评价考核的措施、完善和整改不得当部分，从而将目标控制、过程控制和结果控制相结合，从而在一定程度上了解和控制项目单位的财务风险。

（2）建立重大财务的事项报告制度。公司如果项目单位管理过于严格和紧张。很可能"一管就死"，放得过宽过松，又可能"一放就乱"。因此，关键之处还是要管理得当，只要合乎常理，不越界，就能管理好单位的重大财务项目，就可以授予项目单位的经营自主权，充分调动他们的主观能动性。

（3）强化对项目单位的内部审计。在项目单位的内部审计方面，除控股项目单位之外，要将内部审计延伸到参股项目单位；除年度决算审计之外，可根据实际开展征期经济责任审计等专项审计；要注意与项目单位在沟通审计问题的时候，注意方法和介入的时机；审计要深入彻底，

整改要落实到位。

（4）完善控股项目单位经营者的激励约束体制。从委托至代理角度进行考虑，基于内在矛盾诸如信息不对称、契约不完备和责任不对等，可能会产生代理人"道德风险"和"逆向选择"。所以，需要建立激励约束经营者的管理机制，以促使经营者为股东出谋划策，用制衡机制来对抗存在的滥用权力现象。

（二）加强对参股公司的财务管理

（1）实行对国有参股企业中国有资产的立法管理：首先要建立适合国有资产的法律法规体系，健全资产体系，做到依法管理资产和有法可依，以保证国有资产体制的管理轨道走上合法化和法制化。尤其对于国有资产流失的查处应该尽早立法。

（2）对于企业内部的国有参股，每年要进行资产的定期清查，对国有资产存量的分布构成进行核查、经营效益、增减变动；建立奖惩分明、落实责任的管理体系，对日常资产进行检查验收与评价。

（3）对产权转让行为进行规范化，并对产权中心交易智能进行强化。确定国有参股企业的国有资产产权归国家所有，在具备产权转让资格的前提下必须由国家授权机构方可。同时应该规范中介机构的转让，以充分的信息，合法的场所，公开、公平交易，公正监督为前提，依法管理。对交易行使统一管理，确保产权交易的规范化、合理性和权威性。

企业作为一个强大的经济组织，它不是依靠固定的财务管理模式，而是在适应自身情况下不断发展和变化的，要结合我国关于投资实践的大的情形，在财务管理手段和方法上不断努力，提高财务人员防患于未然的财务风险意识，不断更新和完善财务管理系统，以适应市场环境下的千变万化，保证企业有效的经济地位，促进企业长远发展。

第三章　财务管理的实践

第一节　模具企业的财务管理

本节介绍了模具企业的财务管理目标及模具企业的预算管理，分析了模具企业的资金管理及成本管理。通过提升模具企业的财务管理，使模具企业在市场竞争中能够不断提升竞争力，不断发展壮大。

一、模具行业的现状

模具行业总体集中度低、发展时间长，是传统的制造业，但其具有很好的行业提升空间，目前模具行业处于发展阶段的末期，即将进入成熟阶段。

（一）模具行业的总体概况

一直以来，被称为"工业之母"的模具行业主要依托传统的线下市场来提升经济效益，这种经营模式虽然养活了全国超过 3 万家的模具制造企业，但供需不匹配现象仍是传统模具产业发展当中的主要问题。世界模具制造行业的竞争日趋激烈，随着模具工业全球化布局的发展，日本和美国作为全球最大的两个模具生产国家都加快了向海外发展的步伐；模具在其国家工业总产值中所占的比重呈现出不断下降的态势，但是，日本和美国的模具质量在全球市场上仍然占据着重要地位。

随着发达国家模具制造重心向以中国为代表的发展中国家转移，国内模具制造业成长迅速，但同时也进一步加剧了行业的竞争状况。长三角和珠三角地区是中国两大模具制造基地和销售集散地，两大地区竞争加剧，其中三资模具企业的数量、收入和利润比重分别达到 35.98%、47.19% 和 56.05%，在我国模具制造行业竞争中占据着极为重要的地位。

（二）模具的定义及特点

定义：模具是工业生产上用以注塑（射）、吹塑、挤出、压铸或锻压成型、冶炼、冲压等方法得到所需产品的各种模子和工具。模具是用来制造成形（型）物品的工具，这种工具由各种零件构成，不同的模具是由不同的零件构成的。它主要通过所成型材料物理状态的改变来实现物品外形的加工。

模具是指在外力作用下使坯料成为有特定形状和尺寸的制件工具，广泛用于冲裁、模锻、冷镦、挤压、粉末冶金件压制、压力铸造，以及工程塑料、橡胶、陶瓷等制品的压塑或注射成型加工中。模具具有特定的轮廓或内腔形状，应用具有刃口的轮廓形状可以使坯料按轮廓线形状发生分离（冲裁）。应用内腔形状可使坯料获得相应的立体形状。模具一般包括动模和定模（或凸模和凹模）两个部分，二者可分可合。分开时取出制件或塑件，合拢时使坯料注入模具型腔成型。模具是精密工具，形状复杂，承受坯料的张力，对结构强度、刚度、表面硬度、表面粗糙度和加工精度都有较高要求，模具生产的发展水平是机械制造水平的重要标志之一。

特点：①单件生产，制造成本高。模具不像其他机械那样可作为基本定型的商品随时都可以在机电市场上买到，因为每副模具都是针对特定的制件或塑件的规格而生产的，由于制件或塑件的形状、尺寸各异，差距甚大，其模具结构也是大相径庭，所以模具制造不可能形成批量生产，重复加工的可能性很小；②单件制造加工时间长，工序多。但客户对时间的要求要快，因为模具是为产品中的制件或塑件而定制的，作为产品，除了质量、价格因素外，很重要的一点就是需要尽快投放市场；③技术性强。模具的加工工程集中了机械制造中先进技术的部分精华与钳工技术的手工技巧，这要求模具工人具有较高的文化技术水平，以适应多工种的要求。

（三）企业管理落后于技术的进步

管理落后主要体现在生产组织方式及信息化采用方面。国内虽然已有不少企业完成了从作坊式和承包方式生产向现代化生产方式的过渡，但沿用作坊式生产的小企业还不少，已实行现代化生产的企业中只有少数企业采用了信息化管理，行业企业中专业化水平都比较低，企业技术特长少。

数字化信息化水平还较低。国内多数模具企业数字化信息化大都停留在 CAD/CAM 的应用上，CAE、CAPP 尚未普及，许多企业数据库尚未建立或正在建立；企业标准化生产水平和软件应用水平较低，软件应用的开发跟不上生产需要。

模具标准件生产供应滞后于模具生产的发展。模具行业现有的国家标准和行业标准中有不少已经落后于生产（有些模具种类至今无国际标准，不少标准多年未修订）；生产过程的标准化刚刚起步；大多数企业缺少标准；标准件品种规格少，应用水平低，高品质标准件还主要依靠进口，为高端汽车冲压模具配套的铸件质量问题也不少，这些都影响和制约着模具企业的发展和质量的提高。

二、模具企业的财务管理目标

企业财务管理目标是企业组织财务活动和处理财务关系所要达到的根本目的，它决定着企业财务管理的基本方向，是企业财务管理工作的出发点。企业财务管理目标从它的演进过程来看，均直接反映着财务管理环境的变化，反映着企业利益集团利益关系的均衡，是各种因素相互作用的综合体现。企业价值最大化是企业财务管理的终极目标，作为模具企业，要达成这个财务管理的终极目标可以通过以下三个方面来实现。

（一）企业利润目标最优化

1. 提高效能，降低成本

模具单件化生产，属于非标准产品，单件产品生产成本高，毛利高但周转慢。提高效能、降低成本是模具行业财务管理的首要目标。

2. 提高财务信息化程度，提高接单报价的准确性

模具产品往往是单件产品报价制，通过单件产品的报价，在源头上把控收入的毛利。

3. 提高单个项目的管理，精确项目核算

模具产品从接单到设计、加工、预验收、试制、终验收，周期长，跟进的难度大，如果中间再有改模等，项目的周期就更长，故项目管理

得好可直接提高公司的利润。

（二）公司股东回报最优化

（1）资本化运作，规范财务管理，确保公司进入资本市场，使股东可以多渠道获取回报。

（2）适当增加财务杠杆，灵活使用各项债务资金。

（三）公司价值最大化

增加社会责任，提高研发经费，制造出更多的符合社会进步需要的产品，保障企业长远经营，公司实现价值最大化。企业利润目标最优化和公司股东回报最优化两个目标最终需要服从公司价值最大化的目标。

模具企业目前状况是小而多的，大家都在较低层次的竞争，故需要配合业务的发展战略来制定具体的不同阶段的财务管理目标。首先是生存，接下来是发展，再通过资本市场的放大效应进行并购重组，完成产业的整合及发展，最后实现公司价值最大化。

三、模具企业的预算管理

全面预算管理是企业全面发展，增强企业综合实力的保障，也是企业发展和投资方向的总体引导，目前模具制造企业在全面预算上主要存在以下几个问题：首先，预算管理的意识不够全面，由于预算管理的片面性，导致参与预算的部门不能有效地进行预测结果的编制，容易出现部门指标与预算指标不统一的现象，企业管理者无法进行准确的财务分析，不利于实现企业资金的合理分配。其次，在预算编制的制定上，很多企业忽视了当前企业的发展状况，不能合理分析自身的短板和长处，导致在实现预算目标的过程中不能有效地进行财务控制，使预算管理脱离实际。在制造企业财务管理中，还存在预算机制不明确的现象，不能有效地执行，预算机制的可行性差，过于追求财务指标，忽视了预算的可行性，在实际生产过程中不能根据企业的发展状况随时进行调节，以及修正偏差。

模具企业预算需结合行业特点及企业自身的情况进行编制，具体有效的预算方法主要分为以下几个步骤。

（1）业务预算：财务部门统一制定相关的表格，可通过 IT 信息系统或表格化，交由业务部门填制，核心要素是分月、分客户、分订单编制客户的预算，包括金额、订单的加工时间、完成交付的时间，并且做到与上年度结合，主要是订单实现销售等计划。

（2）生产预算：根据业务预算，财务部门统一制定相关的表格，交由生产制定部门根据业务订单计划，编制生产计划，生产计划表核心要素是分月、分订单、分工艺流程进行生产计划预算，模具是单件非标准化生产，故需要按订单分单个模，并把单个模作为项目进行归集。

（3）采购预算：财务部门统一制定相关的表格，交采购部门根据生产计划预算制度进行采购预算，主要分材料品种及供应商、采购数量及采购金额等内容。

（4）各项费用预算：财务部门统一制定相关的表格，分别交由各部门进行制造费用及管理费用和销售费用的预算，制造费用能直接计入订单或项目的尽量计入项目中进行归集。

（5）各项投资的预算：根据销售及生产计划，公司需要增加的各项资产投资或其他厂房等投资预算，分月投资计划及付款计划等内容。

（6）资金的预算：根据销售预算及销售政策，预算现金的收入，再根据生产预算及采购预算和采购政策，做出每次的现金收支情况，再加入需要融入及还款的金额，从而完成财务费用预算。

（7）财务部门或各级独立子公司完成汇总编制，形成公司的年度预算，并向公司进行汇报，如不能达到公司目的，需由上到下进行二次调整，再由下到上进行再一次申报汇总，根据企业的实际情况可能需要进行多次调整。

预算的核心是指导公司业务的开展，提早做好资金规划，确保年度经营目标的完成。

预算的过程跟进，每月结算后需要按每个模具项目同原来的预算进行核对，确保公司经营在预算范围内，并及时修订预算中不合理或预算条件已变化的情况。

预算的考核，通过预算考核可以落实到具体的负责人。

四、模具企业的资金管理

模具行业是单件、非标准化的生产，其生产周期相对于其他产品，加工周期长，最终验收时间也长，加工设备价值高，属于资金密集型及技术密集型，这也就决定了其在生产经营过程中需要更多的现金来作为强有力的保障，故多数模具企业需要通过更多的融资渠道来获取资金。然而，就目前金融市场的发展情形来看，制造业企业可融资的渠道越来越少。因此，许多制造业企业目前依靠债务筹资或者银行贷款的方式进行生产经营活动。综合来看，资金的管理就显得尤为重要，管理好公司的收入及支出是管理资金的重点，可从以下四个方面进行管控。

（一）应收款项的管控，保障公司的资金流入及时可控

（1）建立相关的管理组织，确保每一单款项均能落实到人，从而承担组织保障。

（2）建立完整的客户档案，对客户进行信用评级并进行授信，客户信用等级及信用额度可以通过制定《客户信用管理制度》进行明确相关的规则。

（3）通过授信政策，对销售的过程进行管理，核心合同签订前参与到客户的信用政策中（简单来说就是回款的政策）。

（4）对账：每月财务人员需要对所有的客户进行一次往来账核对，以确保数据准确，同时也起到了催收的作用。

（5）对即将逾期的款项应提前跟催，以避免产生逾期；对于已逾期的款项应注明逾期原因及预计回款时间，若因客户原因产生的逾期款，应根据其逾期天数及逾期金额制定相应的催款计划，采取不同的催收政策进行催收，同时按逾期的严重性来制定相关的催收政策。

（6）对相关的人员建立相应的奖罚机制，确保员工回款的主动性。

（二）存货的管控

（1）制订完整的生产计划，合理安排用料。

（2）与供应商建立核心供应商关系，做好供货周期的管理，降低备货量。

（3）加强在制品的管控，确保在制品或制件能及时输出。

（4）定期盘点并及时清理不良或呆滞存货。

（5）对供应商的采购支付政策，通过与销售回款做到协同，确保收

付相对平衡。

（三）现款（含银行存款）的管控

（1）与主要的开户银行签订现金管理协议，统一管控各银行及各地的账号，所有款项集中归集，使现金得到充分有效的使用。

（2）紧跟社会科技步伐，所有的结算均采用网上银行或电票，减少或不用现金及纸票进行收支，既安全又能提高资金的流通效率。

（3）建立银行及现金日报表制度，每天跟进库存资金的情况。

（4）争取做到零现金管理，主要是充分利用各金融机构的授信政策，争取做到法人透支的授信模式，平时账上余额为零，实际可以透支，类似信用卡，通过这个模式，可以将库存资金降到最低，再通过现金管理系统还可以做到各下属机构也能透支，财务部门需要建立相应的透支额度标准。

（四）融资的管理

企业融资是公司发展的重要支持，但用得不好也会被融资所困扰。目前商业银行的授信更多的是中短期为主，但模具行业的投入往往回报相对较慢，流动性也较差，与商业银行的授信难以进行匹配，故企业需要一个完整的融资策略。

（1）权益资本不能低于35%，也就是控制公司总体的负债率在65%以下，继而确保公司债务融资符合大多数商业银行对制造业的债务率的要求。

（2）两家以上的战略合作银行，3～4家的普通合作银行提供日常债务融资，同时建立1～2家的融资租赁的合作，确保一些重大设备可采用一些中长期的融资。

（3）与投行或金融机构合作，不定期发行一些中长期的债券，从而确保一些中长期的固定债务融资。

（4）根据业务发展规划，做好各项融资计划，使长、中、短结合。

（5）与社会上各类金融机构保持良好的合作关系，及时获取金融市场的信息。

（五）模具企业的成本管理

模具企业的成本管理可以看成是项目的成本管理，因为模具行业的特点是单个项目进行生产，每个产品都不一样，是非标准化的产品。

（1）首先做好模具接单的报价，通过 IT 系统，固化报标的各项工艺及材料标准，形成报价机制的及时性和准确性，并及时修订有关的标准。

（2）启用项目管理系统（IT 化），保障项目能够独立核算，精确计算每个项目的实际成本，并与报价预算进行对比跟进，确保生产过程中的各个流程在预算内，如有变化，及时进行分析，必要时修改预算标准。

（3）项目完成后，完成每个项目结算，独立计算项目的收益情况，确保每个项目在公司的可控范围内。

模具企业的财务管理，主要是根据行业的特点，重点做好资金的周转管控，提高融资能力，降低融资成本，管好项目成本，再结合资本的运作，做好产业的并购，完成公司的快速整合及业务的发展。

第二节　事业单位财务管理

财务管理属于事业单位内部管理的重要版块，有效的财务管理可以规避财务风险，为事业单位的顺利发展奠定基础。但是，当前事业单位在财务管理环节还存在一些不足，需要我们及时采取相应的措施进行解决。

一、事业单位财务管理的作用

（一）有效协调单位各部门之间的工作

事业单位的内部各个部门间紧密联系，而财务部门在每个部门中都起着决定性作用。因此，事业单位唯有强化内部财务管理，才能有效协调每个部门之间的工作，提升事业单位的工作效率。

（二）保障单位的资产安全

事业单位获得发展资金的途径是财政拨款，而做好，内部财务管理工作，可以使单位的管理行为更加规范，促进单位各个部门工作的顺利开展，保障单位资产的安全，及时规避财务风险，有效遏制贪腐行为，从而使资金发挥最大的作用。

（三）提升会计信息的准确性

制定完备规范的会计工作系统并将其高质量的施行，明确分工，发挥各个岗位之间的相互制约和监督功能，呈现准确可靠的会计信息，是事业单位内部会计控制的重要组成部分，事业单位一旦忽略了内部会计控制，缺乏科学合理的内部会计控制制度，会计信息在传播过程中就容易与实际不符，造成会计信息缺乏准确性。此外，如果单位欠缺对内部会计控制制度的实行力度，就会阻碍有关规章制度发挥整体效能，并且很难获取准确的会计资讯。因此，唯有强化内部财务管理，才能提供可靠准确的会计信息，为单位做出准确的决策做好准备工作。

（四）促进事业单位的健康发展

事业单位不以获取大额利润为目的，在财产的预算、使用以及审核层面是通过财务部门的计划控制来完成的。科学完备的财务管理体系可以促进事业单位对资金的充分使用和配置，使资金更为科学地分配，确保我国事业单位的多项工作有序开展。

二、事业单位财务管理存在的问题

（一）领导对财务管理体制的重视度不高

如今，很多事业单位领导层的财务管理知识水平有限，对建立系统规范的财务管理体制的重视程度不高。还有些事业单位领导者强调财务管理就是财务的收支或者部门预算控制，认为已经设置了部门预算就不用再建立会计内控系统，认为事业单位会计部门的工作就是做好有关的付款工作和账簿记录工作，单位资金是由财政统一划拨的，无须财务人员做其他工作。

（二）内部控制制度不完善

有些事业单位内部管理体制不完备，甚至没有设置专业的财务管理部门。与此同时，财务人员与会计人员职务分配缺乏合理性，存在一人担当很多职位、岗位交错、岗位责任不清等问题，造成财务管理工作效率偏低，更有甚者会存在投机取巧、营私舞弊等违法违规行为。

（三）财务管理手段不够先进

如今，仍然有事业单位在实行财务管理环节中遵循着以往落后的会计处理方法，这不但限制了内部会计控制效果，降低了控制效率，而且给会计信息的实时共享带来阻碍，导致内部会计控制的整体效能无法正常发挥。另外，即便有些事业单位顺应时代发展，增加了会计信息软件，但在选择和开发软件功能时仍存在很多不足，加之财务人员业务能力不是很强，很难显现信息软件的功能优点，从而给财务管理的管控信息化造成影响。

（四）欠缺完备的监督评价机制

如今，仍然有些事业单位没有建立对于内部财务管控的监督考评机构，虽然有的事业单位设立了这个机构，但机构的整体效能有待加强。事业单位内部会计控制监督考评大体包含两方面的内容：一是以财政部门为首的外部监督；二是以内部审计机构为首的内部监督。在外部监督中，财政部门的职责是监督财政资金使用的合法性以及单位经济行为的规范性等。但是，在现实中各个部门单独完成任务，忽略了相互之间的合作，没有整体核查被监督单位的内部会计控制制度是不是完备、是不是高效。

内部审计部门片面地注重会计资讯的准确性，缺乏对内部会计控制制度实效性的关注，给单位的会计事务与经济活动的监督效率带来了不良的影响。

三、对事业单位财务管理的建议

（一）领导层加强对财务管理的重视

事业单位的领导层要改变传统的思想观念，抛弃以往对单位财务管理的浅显认知，更深层次地领悟科学的财务管理体制对于提升事业单位工作效率、推动事业单位快速发展的重要意义，积极落实财务管理体制的构建工作。

（二）构建岗位、职位分离制度

针对不能相容的事务，应当指定不同的人员去处理，以降低假账、坏账出现的概率。与此同时，这种做法还可以使员工在工作中互相制约，防止出现弄虚作假的情况。在财务工作中，要特别注意将负责记录和审核的人员与付款人员岗位分离，这三者之间不能存在利益关系。

针对预算内财务工作的日常开支，必须经过各有关部门签字确认后才可以进行，业务结束之后，要带着相关凭据，经部门负责人审核后才可向财务部门申请报账。原始凭证的审查要谨慎并妥善保存，会计人员在登记之前也要查验凭证，确认账目准确无误后才能记录明细账与总账。

（三）提升会计人员的专业素养

首先，要对事业单位会计工作人员进行思想政治教育，保证全体会计工作人员都具有较高的思想领悟和职业道德素养，严格依照规章制度办事；其次，对与道德标准、规章制度相违背的行为，就要给予必要的惩罚，以此在会计工作人员之中形成较强的威慑力，督促其提供真实准确的会计信息；最后，建立完备的激励体制，对于业绩优秀的会计员工，要给予其适当的物质奖励或精神奖励，调动其积极性，激发其工作热情，使其从头到尾能够依照会计规章制度及时完成领导分配的工作任务，为内部会计控制的无障碍实行提供坚实的基础。

（四）优化事业单位的会计管理制度

从严实行会计制度，提高会计核算质量。强化对各种会计凭据的科学化、正规化管理，保障会计凭据填制清晰、准确、正式；强化对各种单据的管理，仔细审查各种外部单据的可靠性、规范性；改进单据流转程序，实现开票、复查、审核收付款每个岗位的适当分隔，增强会计处理程序的规范性，提高会计核算质量。

（五）构建并完善监督评价体系

事业单位唯有构建并完善内部财务管控监督评价体系，才能推动内部财务管控制度顺利实行。在外部监督中，财政部门以及政府审计部门要尽量展示自身的权威性，时常监督审查单位内部会计控制制度的实行情况，还要向专门的机构进行咨询有关内部会计控制制度的建立与实行的宝贵建议，避免内部财务管控制度太过形式化。在内部监督中，事业单位要秉持正确的理念，最大限度地发挥内部审计应有的作用，在内部财务管控体系中确认内部审计的重要作用。加强内部审计功能的地位，构建独立和科学的内部审计部门，以便及时发现问题并解决。全面监控评价内部会计控制的设立、实施整个程序，严按照相应的规章制度来进行活动，推动内部会计控制制度的高质量实行。唯有把外部审计和内部审计充分联系在一起，形成强大的监督合力，才能促使外部审计与内部审计共同对单位内部会计控制进行系统的监督评价。

综上所述，财务管理是事业单位内部管理的关键构成部分，科学的财务管理手段对单位的健康发展有着不可估量的作用。因此，事业单位若想提升自身的竞争实力，维持优势地位，就必须适应时代发展，与时俱进，转变领导层旧有的思想观念，构建岗位、职位分离制度，不断提升会计人员的专业素养，完善账务管理制度以及监督评价体系，为事业单位内部会计事务的顺利开展提供稳固的基础。

第三节　跨境电商的财务管理

伴随着互联网技术的飞速发展和经济发展的深度全球化，我国的跨境电商产业迅速崛起，截至 2016 年底，中国跨境电商产业规模已经超过 6 万亿元，年均复合增长率超过 30%。跨境电商产业在传统外贸整体不景气的经济环境下依然强势增长，本节在此背景下，阐述了财务管理对于跨境电商运营的重要意义，并分析了跨境电商企业在财务管理方面面临的问题，如会计核算工作不规范、缺少成熟的跨境电商财务 ERP 系统，以及跨境电商税务问题等，针对跨境电商财务管理面临的问题提出相应的财务管理方案，从而促进跨境电商企业财务管理的不断完善。

一、财务管理对于跨境电商运营的重要意义

随着跨境电商爆发式的发展，跨境电商的财务管理也越来越受到关注，由于跨境电商行业的特殊性，其财务管理与传统的财务管理实践相比较，存在着较大的差异，对跨境电商环境下的企业财务管理人员提出了新的要求。现行大部分的跨境电商都是小企业，对于财务管理人员的配备与资金支持都比较有限，因此跨境电商的财务管理实践还有待提升。财务管理是跨境电商运营的关键事项，重视跨境电商的财务管理实践，针对跨境电商环境下财务管理工作面临的具体问题进行分析，并制定相应的有效的解决措施，逐步优化提升跨境电商的财务管理工作，对于促进整个跨境电商行业的发展具有重要的意义。

二、跨境电商在财务管理上的问题

（一）会计核算工作缺乏规范性

会计核算是财务管理中最基础的环节，只有会计核算能保证其准确性与及时性，后续的财务分析与财务管理等各环节才能有效且有意义地进行。目前跨境电商会计核算主要存在以下问题：一方面是账务处理不够规范。部分跨境电商企业没有建立严格的财务制度，或者虽有财务制度但是没有遵照执行，存在使用的原始单据不合要求或者缺少原始票据作为支持文件的现象，如报销手续未经过完整的审核流程或者用不符合规定的临时票据充当原始凭证等。另一方面是部分跨境电商企业的财务报表体系过于简单化，缺少报表附注、财务情况说明等，由于跨境电商行业的特殊性，传统的财务报表体系难以准确且完整地反映跨境电商企业的财务状况以及经营状况，很多非财务指标虽然不列入传统的财务报表披露体系，但往往更能反映企业的潜在实力，如转化率、客户平均停留时间、网页点击率等。因此，跨境电商企业应根据自身的行业特点，在传统财务报表体系的基础上，增加反映跨境电商真实经营状况的各项财务管理信息数据。

跨境电商企业财务管理人才的缺乏也是造成跨境电商企业会计核算工作不规范的重要因素。跨境电商行业作为近年来迅速发展起来的新兴产业，其财务管理与一般传统行业相比具有特殊性，为满足跨境电商财务管理需求，财务人员不仅要有扎实的财务管理知识及实践经验，还需要掌握现代信息网络技术知识、了解国际会计准则与各国税务、熟悉相关的法律法规等。但是，目前这样的复合型人才比较缺乏，这必然阻碍了跨境电商企业在财务管理方面的完善与提升。

（二）缺乏成熟的跨境电商财务 ERP 系统

由于跨境电商是近几年才迅速发展起来的行业，因此市场上还没有比较成熟的针对跨境电商企业服务的财务 ERP 系统。一般行业的财务 ERP 系统难以满足跨境电商企业的特殊化及个性化需求，如跨境电商企业的多账号经营管理、成本多样性、物流方式的分配组合等事项，都存在不稳定因素，导致难以准确地通过普通的 ERP 系统去核算每个单品的成本利润，需要 ERP 相关行业的人员在现有的系统基础上去建立和完善针对跨境电商企业的功能实施个性化的财务 ERP 系统。

（三）跨境电商税务问题

跨境电商行业的贸易方式具有国际化、无纸化等特点，其交易主体、地点和时间比较隐蔽且容易更改，这使得在现行的税收制度下，对跨境电商行业的税收监管和征收存在一定的困难。对于出口跨境电商而言，出口退税则更加困难。根据我国税法规定，一般纳税人在符合税法规定的退税条件时可以申报出口退税，小规模纳税人自营和委托出口货物，免征增值税和消费税。但是，很多跨境电商企业是中小企业甚至是个人商户，采购商品时直接使用现金，没有发票，不满足税法规定的出口退税条件。相关调查显示，93%的跨境电商没有办理外贸经营权备案登记，也没有结汇税单，甚至没有发票。故跨境电商行业的特殊性让现行的税法制度在监管和征收层面都受到一定程度的冲击，对于实现跨境电商自身享有的权益也存在困难。

三、跨境电商财务管理提升方案初探

（一）规范会计核算工作

规范跨境电商行业的会计核算工作，主要从以下三个方面执行：一是建立和完善跨境电商企业的财务规章制度，并严格遵照执行。首先，我国的会计准则应与时俱进，面对跨境电商这种具有全球化和网络化的新经营模式，进行相应的调整与完善，如扩展会计主体的假设范围，对持续性经营等基本假设进行重新定义等。其次，跨境电商企业应在国家会计准则的框架下制定适合本企业的会计规章制度，并严格执行。二是跨境电商企业在编制财务报告时，应在传统财务报表体系的基础上增加非财务指标的报表说明，比如转化率、页面点击率等，以便企业管理层准确及时地了解整体经营情况，为管理层的决策及发展趋势的预测提供数据支持。三是提升跨境电商财务人员的综合素质，培养有扎实的财务管理知识及实践经验，既懂信息网络技术，又了解国际会计准则与各国税务，熟悉相关法律法规的复合型人才。现代企业的竞争归根到底是人才的竞争。由于跨境电商行业属于新兴行业，现有的财务管理人才尚无法满足产业的迅猛发展，而且跨境电商行业的账务处理和财务管理存在很多新的知识点。因此，一方面财务人员应该在实际工作中不断地主动学习，理论联系实际，提升自己的财务专业技术水平；另一方面企业也应加大财务人员继续教育的投入，如加强财务管理人员在电子商务运营模式、现代科学信息技术、国际财务、税务、法规等方面的培训学习，拓展财务人员的视野与专业高度，加强对财务人员及财务管理工作的重视。财务管理工作是跨境电商企业做大做强、实现战略发展目标的重要支持。

（二）选择合适的跨境电商 ERP 软件

传统的会计核算与财务管理软件难以满足跨境电商行业的信息需求，相关部门应制定相应的规范与行业规则，针对我国市场上种类繁多但开发并不太成熟的跨境电商 ERP 软件给出指导性的意见和建议。尽快开发出适合跨境电商企业的 ERP 软件。首先，必须支持多平台、多账号的对接，不同平台的数据能够集中在一个系统内处理，平台数据交互完善，在一个 ERP 系统里完成跨境电商企业的全流程管理，支持系统的不断延展和扩容；其次，在内容设计上，物流管理是跨境电商 ERP 系统的重点，ERP 系统需要考虑到不同国家和地区的调拨发货、汇率差异等，实时准确地反映货物的状态。同时，跨境电商 ERP 系统不仅需要强大的销售管理、成本控制功能，还需要不断完善财务结算与预警、库存控制、数据分析等。此外，完善的数据安全机制和历史数据备份机制是跨境电商 ERP 系统必不可少的功能。跨境电商 ERP 企业应该乘着跨境电商快速发展的东风，夯实自身的技术基础，提高服务水平，为跨境电商企业提供完善的个性化的系统定制服务。

（三）跨境电商税务问题的解决途径

针对跨境电商企业，特别是大部分的小型跨境出口电商企业的退免税问题，我们应该鼓励发展扶持一批优质的跨境电商服务型企业，专门代理出口企业相关通关退税事宜，完善跨境电商的商业环境。国家税务总局《关于外贸综合服务企业出口货物退（免）税有关问题的公告》规定，从 2016 年 4 月 1 日起允许符合一定条件的第三方外贸综合服务企业代理出口货物退免税实物。因此，大部分的小型跨境电商企业可以将出口退税及其他税务事项外包给专业的第三方公司，为企业节省时间和人力资源成本，提高企业的运营效率。

另外，跨境电商作为新型的行业，相关的税收政策应在实践中做出适当的修改与完善，既要维护国家的税收利益，也要顾及广大跨境电商企业的处境，适当实施税收优惠政策，鼓励和支持跨境电商行业的健康可持续发展。

本节通过对跨境电商企业在财务管理方面面临的问题进行分析，并提出相应的解决建议，旨在促进跨境电商企业财务管理的不断提升与完善。跨境电商作为一种创新型的商业模式，在近几年的迅猛发展下取得了很好的成绩，随之而来也对发展的环境提出了新的要求。在跨境电商财务管理领域，不论是基础会计核算，还是财务分析、税务筹划等都发生了深刻的变化，再加上针对跨境电商的财务制度规范等还需进一步完善，这都给跨境电商行业的财务管理带来了一定的困难。企业财务人员应与时俱进，加强学习，提高专业技能，做好跨境电商企业的财务管理工作，为跨境电商企业实现持续稳定健康的发展提供战略支持。

第四节　医院财务管理

随着社会主义市场经济的发展，医疗服务市场出现了新的格局。医院经济活动日益广泛开展，各项业务收入显著增加，医院资金使用的自主权不断扩大。医院财务和会计制度，是把医院作为主体从事经营服务活动的单位，促使医院更加科学合理地遵循医院财务活动的客观规律，借鉴企业财务管理改革的经验和做法，按照统一的医院财务制度和会计制度，更好地适应社会主义市场经济和医疗服务市场的需要，规范医院的财务管理，加强经济管理，提高经济效益。

一、医院财务管理研究逻辑起点

医院管理是全面系统的管理，在医院的医疗服务活动中，必然要进行医疗管理、人事管理、财务管理、护理管理等多方面的管理，且这些工作是相互联系又互相支持的，但是却都有各自的特点。其中，医院的财务管理是处理关于资金的财务活动和由资金引起的财务关系的管理活动。

二、医院财务管理存在的问题

（一）财务管理者观念陈旧，影响医院经济效益

医院管理者经营意识不强，管理观念滞后，方法落伍，知识陈旧，

缺乏创新精神与能力。在经营中，医院普遍存在着对财务重预算轻管理的问题，单纯地套用计划经济下的管理模式，增加经营风险与资金成本。长此下去，这种陈旧的财务管理观念不能让全体人员自觉主动地参与到医院决策和管理过程中，导致经营模式、资金运行的恶性循环，严重影响医院的经济效益。

（二）内部控制制度不健全，造成财务监督失控

目前医疗卫生单位没有建立完整的内部控制体系，内部控制制度的设计未覆盖所有的部门与人员，致使各部门之间的岗位与权责不分明，与其他部门的工作衔接不明确。同时，由于医院会计操作混乱、核算不实等造成会计信息失真，管理制度缺位造成各部门之间缺乏相互约束与牵制。医院负责人的内部控制意识淡薄造成制度的执行不力。

三、医院财务管理存在问题的解决对策

（一）更新财务管理观念，提高医院经济效益

随着医疗改革制度的不断发展，财务管理已经渗透到医院管理的各个关键环节。医院应从重财务预算、轻管理转变为以核算为基础，重管理的观念。同时，还应优化创新医院的管理模式，建立现代医院财务管理制度，树立以人为本观念，将各项财务活动"人格化"，建立责、权、利相结合的财务运行机制。

（二）提升财务人员素质，提高经营管理水平

当前医院的竞争，归根结底是人才的竞争，医院财务人员素质的高

低间接影响着医院的发展。针对财会人员存在的问题，提高财务人员的综合素质和职业道德水平是关键。要加强财务人员财务管理基本理论知识和会计制度的学习，让财务人员熟悉和学习国家各行业各项相关的财经法规和政策，提高专业素质与职业技能，以适应现代医院科学管理规范化的发展。

（三）完善内部控制制度，提高财务监督力度

科学合理的医院内部控制制度，不仅能使医院高效运转财务管理，而且能堵塞管理上的漏洞，防止违法乱纪行为的发生。医院领导应充分重视医院财务管理，建立和完善财务管理机制和内部控制制度，进一步明确医院内部各职能部门财务管理的职责和权限，根据国家相关政策制定医院财务管理制度，建立责、权、利相结合的财务运行机制，使医院的财务活动做到有法可依、有章可循，定期检查落实各项管理制度的落实情况；同时，应严格分离互不相容的职务，建立科学规范的决策、执行和监督制衡机制，使不同部门和岗位之间权责分明、相互监督、相互制约，减少制度漏洞，保证医院工作的机构及职责职权的合理划分。完善内部控制制度的关键是加强财务内部控制。医院要重视内部审计和内部考核，明确考核部门和考核责任人，授予考核人员奖惩权，使监督以及制约机制等能得到切实加强，提高财务监督力度。

（四）建立折旧制度，确保资产负债信息的真实性

新制度规定，医院有完整核算拥有的资产和负债向公众公示的责任和义务，真实客观地反映医院各项收支的使用消耗。强化管控手段，大力限制非流动负债情况发生。购买大型设备、对外投资需严格按照流程

报批审核。资产清晰程度可以有效反映医院固定资产的新旧情况。实行新制度就是为加强资产管理力度，避免财务风险，尽可能地全面、真实客观地反映医院或医疗机构资产负债情况，这也是医院筹资和投资行为极为有力的依据。医院可提出"累计折旧"的理念，即固定资产净值概念。新财务制度实行前，医院固定资产应当按新制度的规定补提折旧。然而，"折旧的问题"会导致医院固定资产严重下降，但也使得医院资产负债表数字更加真实。

（五）建立完善的信息服务系统，提高财务管理效率

在科技不断发展的前提下，信息技术在医院广泛使用，财务管理中的预算管理、成本管理均可以通过财务信息系统进行，这就需要制定一个安全、高效的财政信息服务系统以适应医院财务工作的需求。财务管理是医院工作中的核心和关键，是医院开展其他活动、大力发展的基石，只有将财务管理做到位，才能确保医院综合实力得到提升、品牌效应深入人心。因此，如何充分地发挥医院信息系统的作用，运用信息技术的力量，对提高医院科学管理水平具有重大的现实意义。

综上所述，新制度的实施是我国医改道路上的历史性突破，但是这需要医院外部环境和内部条件相互协调。随着医疗改革的深化，医疗机构与社保机构、社会管理和政府预算管理改革也要不断协调配合，这些都将从根本上决定公立医院自身的发展前景。

第五节　畜牧企业财务管理

畜牧业是我国农业的重要组成部分，也是国民经济的一部分，更是农村经济的支柱型产业。畜牧业作为为人民的生活提供肉、蛋、奶类食品保障的经济产业，受需求拉动的影响，其成长速度也在逐渐加快。作为依托种植业发展的下游产业，畜牧业对于提高农村地区经济和满足城乡市场供应起到了重要的作用，可见畜牧业的发展对我国产业发展有较大推动力。然而，从我国畜牧业的发展历程中可以看出，我国畜牧业一直处于发展速度较慢、水平较低的阶段，原因有多个方面，既有外部因素的影响，同时也有内部因素的制约，其中关于财务管理的松散和不完善是较为突出的一个原因。

一、畜牧企业财务管理中存在的问题

尽管畜牧业前景可观，但对财务管理理念认识的不足和制度的不完善导致现今畜牧业中问题集聚，对我国畜牧业的兴旺不利。本节分析列举出了当今畜牧业中存在的几种常见问题，并从这些问题出发，针对财务管理以及畜牧经济效益，提出了一些有效措施。

（一）畜牧企业内部财务体系监管力度不够

随着市场环境的不断变化，各个企业逐步走向现代化的企业管理，然而，我国企业的内部控制力度不够，个别监督审计人员没有真正发挥自身的监控职能,同时又因没有一定的权利,也没有独立于其他部门存在,容易受到外部的干涉或权力被架空,有些企业干脆没有设立专门的监督部门,这种情况在一定程度上会影响实际财务管理措施的具体落实。此外,财务管理人员在工作中普遍缺乏独立性,一般情况下只会根据上级领导的指示开展财管管理工作,并没有从专业的角度对财务会计业务进行处理,导致畜牧企业生产管理工作始终缺乏相应的灵活性,不利于企业的进一步发展。

(二)畜牧业财务风险预警能力偏弱

风险控制对畜牧企业至关重要,但是目前大多畜牧企业只是针对全年做主要方面的分析和管理,而没有注意全年中诸多影响因素的浮动、变化,因此缺乏可行性和灵活性。当今社会经济高速发展,一方面市场变化对畜牧业影响颇大,例如,饲料价格的波动、肉制品市场价格的波动等,种种经营风险层出不穷;另一方面,畜牧企业主要以养殖为主,养殖过程极具风险。对于畜牧企业来说,其本身的特性导致其受市场因素的影响很大,此外,畜牧业还会受到自然因素的影响,这些特性使得畜牧企业的风险很大,比一般企业的风险还要大。并且,目前很多企业并没有进行事先的风险分析和防控,所以面对风险的抵御能力较低。

(三)财务人员专业能力和内部控制意识欠缺

在目前的畜牧企业里,普遍存在财务会计人员专业能力较差的现象,具有专业从业资格证书的财务及管理人员低于35%,没有专业的财务会计人员,公司的财务能力也就偏低,对财务管理工作具有很大的影响。此外,加上目前畜牧企业管理层财务管理意识不强,没有起到很好的带头作用，整个企业的内部控制意识淡薄，企业的财务管理只体现在基本的登记等日常处理上，而不是进一步的管理控制层面。专业财务管理人才的缺失和企业内部管理意识的淡薄严重阻碍了企业的发展。

二、规范畜牧企业财务管理的建议

（一）发挥政府职能，优化外部环境

第一，政府应给予畜牧企业一定的自由，不过多干预畜牧业的业务，做到一视同仁，平等对待所有企业；第二，建立健全相关规定、规章，对不足的地方进行完善，做到真正地帮助企业解决实际问题，给予法律保护、帮助；第三，注意政府部门间的独立和联系，既要使各部门各司其职，做好本部门该做的事，尽好本部门应尽的义务，又要维持各部门间的联系，通力合作，共同帮助畜牧企业发展进步。

（二）加强监督和审计工作

对于内部的监督问题，企业应注意的是内部监督人员的真正权利和效用，而不是有名无实，要真正落到实处。第一，要保证内部监督人员的绝对权利，并独立于其他的部门和职务，保证监督人员权利的真正发挥，不会受到其他公司利益相关者的干扰；第二，要求内部监督人员在定期监督后要及时提出有用的改善意见，他们是较为公正的，所以提出的意见有一定的参考价值；第三，要加强内部员工整体监督意识，从实质上加大监督力度，对于外部的审计方面，畜牧业要定期聘请专业的审计人员来公司开展审计工作，维护企业与员工的共同利益不受侵害。

（三）强化内部控制

如今畜牧业发展缓慢以及其中遇到的诸多问题都和企业内部控制有很大的关系，因此，强化企业内部控制对于企业乃至整个行业的发展都是至关重要的。企业管理层应加强自身财务管理的意识，明白其必要性和重要性，在自身意识提升以后要对公司整体的运行体系进行完善，对全体成员的内部控制意识进行增强，特别是要对财务管理人员进行合理的安排，完善企业内部财务管理制度和体系，加强内部监督工作，使公司财务管理水平得到显著提高。

（四）加强财务合理性和专业性

不同规模的畜牧企业有不同的财务制度目标及要求，因此，在处理不同的情况时就要采取不同的方法，要有一定的科学性。比如，对于小型、私人的养殖企业可以采用代账制，这样既可以保持财务会计的专业性，同时又可以降低财务人员成本，使企业在最低的费用下保持会计核算的专业性；而对于规模较大的畜牧企业，可以设立独立的会计制度，以满足不同业务的处理需要，贴合公司的实际状况。此外，如果资金充裕可以招聘专业能力较强的财务人员，以提升企业财务管理能力。

（五）加强预算控制和价格管理

由于畜牧业的自身特性，企业容易受到环境等因素的干扰，一旦市场或者自然环境有变动，畜牧业也会产生较大波动，因此精确的预算控制对畜牧企业来说至关重要，其能够帮助企业更好地控制成本，降低风险，提高企业抗风险的能力。所以，企业应首先认识到预算控制的重要性，再对各级部门做好宣传工作，让各级部门积极主动地制定本部门准确、切实的预算方案，并留有一定的空间，以适应环境变化带来的预算方案的改变。

（六）提高资金利用率，加强资金管控

企业流动资金的合理、高效利用问题一直是企业日常经营管理中至关重要的环节。首先企业应聘请专业的管理人才对公司的流动资金进行管理利用，明白每笔资金的去向和用途，从而对公司的资金进行更好地管理与控制，对于流动资金如银行的贷款，要做到在规定期限内归还贷款，最好是控制在还款时限的最后一天还款，把资金利用率发挥到最大。此外，在放贷期间应合理地利用这笔资金，可以进行短期投资或放贷，提高资金的利用率。对于日常资金的管控也要加强，要严格记录日常资金的收入、支出，特别是对于数额较大的资金，要格外留意其流向。

畜牧业一直是我国重要的产业部分，然而其在发展过程中一直处于发展缓慢的阶段，许多问题逐渐显露出来，其中财务管理方面存在的问题较为突出，本节从国内畜牧企业财务管理中存在的诸多问题入手，从内外部多层次，从顶层设计到日常管理多方面，从宏观到微观多角度地阐述了自己的观念，但还存在没有足够数据支撑、没有实证分析等不足之处，希望对我国畜牧企业的财务管理研究有所帮助。

第六节 高校基建财务管理

近年来,随着教育改革的不断深化,全国的高校建设取得快速的发展,在日益繁多的基本建设任务的背景下,随着基建财务管理工作被纳入高校财务管理中,基建财务管理中存在的问题逐渐暴露,这些问题影响了高校建设的健康发展。

一、高校基建财务管理存在的问题

(一) 重核算,轻监督

在实际的高校基建财务管理工作中,很多高校的基建财务部门对核算给予高度重视,却忽略了监督的重要性,财务会计并没有履行其监督的职能,将高校基建财务工作当作出纳业务来做。在财务监督工作中没有认识到监督的重要性,疏忽了对高校的项目的前期立项阶段、项目的实施阶段和项目的竣工阶段的财务预算工作,导致项目资金没有得到很好的利用,预算出现超额或者超概算等问题,这给高校的基建财务管理工作带来了很多不利的影响,并连带会出现项目资金被挪用、腐败等问题的发生。

(二) 财务管理制度不健全、执行不到位

目前,高校管理基建财务的部门有以下两种,一种是在高校的财务部门下设立分管处室,另一种是在高校的基建处下设立财务部门。要想

做好高校基建财务管理工作，需要采取多元化的管理方式进行，由于大部分高校的基建财务工作都比较琐碎和复杂，而且涉及多个部门的统筹工作和预算工作，在整个财务管理过程中，要注意与各个部门之间的沟通和协作，由于财务部门在高校的定位是服务的职能部门，所以使其在项目的整个过程中的管理权限较小，进而使财务决算工作进展较慢，甚至经常会有这种情况出现，工程竣工后，财务决算仍然没有完成，对于这种问题的出现并不能将所有问题归结到财务部门，这主要是由于相关部门的工作协调不积极，对财务决算工作不配合等原因造成的。根据对各省市高校的基建财务工作的抽样调查发现有很多高校在基建财务管理制度、细则方面的建设不够健全，很难适应实际的工作需要，不利于高校基建财务管理工作的开展。虽然有的高校基建财务部门制定了相关的财务管理制度，除了对本部门工作提出的要求以外，还有很多内容是涉及其他部门的要求，但是由于高校基建财务管理部门职能有限，即使提出要求也得不到有效推进，导致在实际工作中并没有发挥有效作用，如金额、支付比例、合同等的要求都得不到很好的执行，这种制度不健全、执行力不到位的问题的存在，使得高校基建财务管理工作的开展存在一定的困难。

（三）财务管理软件支持效率低

随着科技的发展，目前大多数的财务核算工作都是由专业的财务软件完成的。财务管理软件同样承担着高校的大部分基建财务管理工作。目前市场上的财务管理软件种类繁多，高校的基建财务部门都是根据本校实际情况，财务管理制度和会计核算程序选择财务软件的采购。但是当前高校使用的财务软件的支持率并不高，除了自动生成核算报表以外，部分功能对于强化财务管理能力有所欠缺，需要单独购买升级软件，由于财务管理软件没有针对基建业务管理的功能，所以根本无法满足工作需要。

二、完善高校基建财务管理的对策

（一）财务人员要积极参与基建全过程，发挥监管作用

财务是基建资金管理的关键过程，是面对所有问题的最后一道程序，所以，高校的基建财务人员要积极地参与到基建财务管理的整个过程中，包括项目的前期的可行性研究、设计、文件的编制、招投标、合同签订、后期的项目验收等，财务人员要对项目的整个进度进行跟踪，对项目进展情况进行详细的了解，要进行明确的账目明细的入账，加强财务监管力度，对资金的利用情况要进行监督管理，避免资金出现不合理的利用情况，同时也是加强对项目的开展情况的了解，进而发挥财务人员的监管作用。

（二）完善并严格执行高校基建财务管理制度

高校的基建财务管理制度的完善是保证基建财务管理工作的标准，所以要严格按照《高等学校会计制度》（2014）和《事业单位财务规则》（2022）要求，并作为制度制定的依据，还要结合本校的基建财务管理实际情况，对基建项目的概算、资金结算以及竣工财务决算提出具体要求，要理清项目预算的流程和审批手续，对于一些特殊的事项要采取特殊处理办法进行专门管理，对于高校各部门各岗位人员的职责进行细化

分工。制度完成制定后，要联合高校的基建项目负责的部门，如工程部、招投标部、财务监督审核部、高校的固定资金管理中心等部门，以及分管领导对制定的制度进行修改和确定，并明确相关奖惩措施。根据国家或者地方出台的高校的基本建设管理办法，对财务制度进行补充，进而完善相关制度。所以，只有基建财务部门严格按照制度进行财务管理工作，才能真正提升基建财务管理的效率，避免工作中出现钻制度漏洞的行为，同时提高了基建财务部门在项目建设中的执行力，进而有效地提升财务人员防腐拒变的能力。

（三）升级改造基建财务管理软件，完善高校信息化建设

高校基建财务部门所使用的财务核算管理软件，在合理的部门预算范围内，对某些功能可以单独购买，或者对软件进行升级改造，比如增加基建财务管理功能的合同管理和预算管理等相关软件系统，让财务管理人员利用软件对账目进行实时监测，了解项目的合同和账目情况，能够帮助基建财务人员理清财务核算的过程，完成大量的数据统计和报表的编制，并且有效地预防基建财务风险的发生。利用计算机技术和网络技术的优势，可以建设基建财务数据交换平台，并设置登录权限，加强财务部门对基建财务的管理，以及对高校固定资产管理的信息的掌握，进而完善高校信息化建设。

综上所述，基建财务管理是高校财务管理的重要内容，做好基建管理对于高校的发展具有重要作用。对于当前高校基建财务管理中出现的问题要给予足够重视，找到应对的策略予以解决，保证高校基建资金的合理运用和加强基建财务管理制度的建设，以提高高校基建财务管理水平。

第四章 管理会计的思考方式

第一节 预 测

在企业的经营发展中，科学且恰当的经济预测为其未来的发展奠定了良好的基础。而预测本身是通过企业以往经营所产生的相关数据为蓝本，相关人员通过相应的方法，并通过预算、会计核算来对事物未来的发展规律、结果的可能性进行推测。随着信息化时代的到来，管理会计作为经济预测结果的一种推测性数据基础，其科学化变革将会对经济预测的结果产生促进性作用。本节主要就现代管理会经济预测内容的主要变化方向、具体的预测方法这几方面进行相关的论述。

信息化时代的到来，对企业的发展起到了促进作用。同时也促使其转变原有的管理观念，对相应的管理方法进行变革。管理会计作为企业管理中非常重要的一个环节，其对经济预测的准确性提供了有效的数据支持。而传统的经济预测主要针对销售、成本、利润之间的关联性来完成，随着时代的发展，企业的生产、经营方式发生了改变。原有的管理会计核算方法，无法为经济的预测提供恰当的、科学的数据支持。从而影响到了经济预测的准确性，因而结合当前企业的实际经营情况，来进一步地深入化研究、创新，对于企业未来健康、有序、良好地发展将起到促进性的作用。

一、当前经济预测内容的主要变化

（一）预测的内容不在只局限于财务信息方面

以往管理会计主要为经济预测提供财务方面的信息数据，而随着信息数字化时代的到来，企业之间的竞争越来越激烈，以原始管理会计所提供的会计信息数据基础进行的经济预测，已无法满足企业的经营发展需求。因而扩大管理会计的研究深度，将非财务信息内容如市场需求量、占有率、生产弹性等多方面的指标进行调查、统计、分析，从而加大经济预测内容的范围，并于多方面来进行经济预测，将为企业的未来决策、经营、发展提供更为有利的帮助。

（二）预测的内容不单单只针对短期数据

为了更好地来适应企业未来经济发展的需求，相关人员应着眼于企业信息的全局化、长远化。从战略会计的角度来对企业当前经营过程中的相关信息内容进行归纳、统计、分析、管理。相应地加大了工作量、提升了工作的复杂性与难度，而数字化信息技术的应用，为战略管理会计的有效完成奠定下了良好的基础。所以对于企业的相关人员而言，应从战略管理会计的角度，将外界环境、企业战略发展等因素考虑进来。从而从长远的角度来进行经济预测，为企业的经营发展提供更具深远性的数据内容。

（三）扩宽经济预测内容的范围

随着社会的发展和科技的进步，以及经济的快速发展，市场对企业从多方面提出了更高的要求。对于企业而言，做好自身的经营管理，战略性角度来思考、调整自己的发展方向、提升自身的市场竞争力是非常有必要的。而深远的、广阔的经济预测，将对企业的经营决策、未来发展提供更为有利的数据支持。因而就这一角度而言，扩大经济预测的内容是非常有必要的。

1. 对企业竞争对手进行分析

按会计主体内容来看，竞争对手分析已超出了会计主体的核算范围。但是相关人员通过对企业竞争对手的经营情况、市场占有率等方面的信息进行分析，再结合自身的相应情况进行对比，可直观地发现自己的不足、所需要改进、提升的内容。进而有效地完善了经济预测内容，进一步提升经济预测的可参考性，为企业未来经营发展方向的确定提供更为有利的数据信息服务。

2. 对顾客需求进行分析

顾客是企业服务的对象，是商品销售的最终购买、使用者。对其需求情况、产品使用的满意性等多方面进行调研、分析，可及时地对当前的产品类型、价格、质量等按其的需求进行调整。进一步地扩宽经济预测的参考内容，扩大经济预测的范围、提升预测的准确度，为企业未来的经营发展提供更为有效的数据支持。

二、经济预测的具体方法

经济的预测是以管理会计提供的数据作为基础来完成的，而准确的管理会计数据是需要相应的方法来对各类原始资料进行归纳、核算、总结才能得出的。而目前主要采用两种方法来进行数据计算，一是定量预测方法、一是定性预测方法。

（一）经济预测定量方法的具体应用

此方法主要是通过对经济预测对象的相关历史数据进行收集，并以数学模型的方式对其未来可能达到的一种数量值进行计算。目前该方法有两种分类，一种是时间序列预测法、另一种是因果关系预测法。在时间序列预测方法下，相关人员会以预测对象随时间变化所产生的有关数据为基础，并以相应的数据运算方法来对未来的结果进行预测；而因果预测方法则是以相关影响因素的历史性数据为基础，通过数据模型的建立来对预测对象的未来数值变化进行确定的方法。

（二）经济预测定性预测方法

在这一方法下相关人员会根据预测对象认识度、了解、掌握程度作为数据分析的基础，进而来对其未来可能发生的状况进行推测的一种方法。随着数字信息化时代的到来，这一方法的应用性被大幅度地提升，强化了此一方法下经济预测数据的准确性。

为了更好地适应社会经济发展的需求，在竞争中更具优势，企业应拓宽自己的管理思路，以现代管理会计方法来提升、深化经济预测的范围、准确度。进而为企业的经营发展奠定下更好的基础，为其经营决策提供更具参考价值的信息。

第二节　决　策

在管理会计中，高层一直被视作投资中心，对企业投资或资产利用的效率（如净资产收益率）和效果（如经济增加值、剩余利润）负责。因此，高层战略实施成果的评价标准首先是投资或资产利用的效率和效果，其评价内容还需包括通过平衡计分卡得出的非财务指标。

管理会计是一个价值创造的信息系统，主要服务于两个目标：一是为管理决策提供必要信息；二是为构建战略实施的管理控制系统提供信息支持。

一、决策支持

（一）厘清经营决策中成本的"相关性"

由于缺乏管理会计知识和工具，我国一些企业的管理者在决策时所依据的成本仍属于传统的财务会计成本，混淆了对外提供财务报告和对内提供决策信息的需求。笔者曾亲身经历过一项决策，总经理需做出部件自制或外购决策，在向外委方询价时，对方报价是每件160元，而财务处长测算的单件成本是175元，总经理根据这一信息做出了外包决策。但实际上财务处长做的这一成本数据是全口径成本，而非相关成本。笔者重新做了测算，相关成本只有130元，显然自制部件更加合适。实际上，企业大量的经营决策是基于成本的决策，如产品定价、产品组合、零部件自制或是外购、特定订货是否接受等。在进行这类决策时，关键是厘清成本的相关性，即是说，与决策有关的成本，即使没有发生，在决策时也要加以考虑，如机会成本；而与决策无关的成本，即使已经发生，在决策时也不用考虑，如沉没成本。

（二）投资决策突出战略导向

资本性投资项目是基于实现公司战略目标而提出的，体现了公司的战略发展意图。其投资决策正确与否不仅直接关系着整个公司资源整合配置与发展的基本思路，还直接影响着公司的核心能力与市场竞争优势。但在现实中，大量企业在进行投资项目选择时，看重的是项目技术上的先进性和经济上的可行性，在经济评价中，方案取舍依据的是净现值、内含报酬率等财务指标，忽视了影响项目选择的非财务因素，也就难以从战略的角度进行资源配置。其后果是：公司越来越走向非相关多元化，而实践表明，过于多元化是导致多数企业失败的元凶。

资本资源配置是公司的重大决策事项，决策时必须考虑到公司的发展战略，如产业性质与产品系列定位、市场开拓区域等。投资项目的选择应预先排除任何偏离公司核心能力的投资活动，资本资源的分配不能单纯依靠资本预算技术，应将是否符合发展战略作为方案取舍的首要标准。

二、管控系统设计

管理控制是战略实施的工具。企业作为层级组织，通常分为高层、中层、基层和现场。与此相适应，战略实施的管理控制系统可以分为高层管理系统、中层管控系统和基层管控系统。每个管控系统在运行中既要实现自身目标，同时又要符合公司的总体战略目标。

（一）高层管理控制系统的核心是战略

高层管控系统是基于公司治理的内部控制，是通过治理结构设计，由公司治理主体实施权责配置、制衡、激励约束、协调等功能，促进管理人员履行职责。高层管理控制强调股东或董事会对公司高层的控制，控制对象为公司高层经理。

董事会在治理型内部控制中承担着重要职责，通过拟定战略方向、行使决策控制权、对战略绩效进行评价、关注管理层战略行为等方式，以保障战略控制的有效实施。

高层管控系统设计的主要工作包括以下几个方面：

1. 战略实施过程监控

高层经理可利用平衡计分卡、战略仪表盘等工具将关键绩效指标报告董事会，使董事会清楚管理层在做什么，以及企业是否处于正确的发展轨道。由此，董事会成员便能专心致志发挥其特长，把工作重点放在发现"关键问题"上，而不是"在驾驶室里妨碍船长开展日常工作"。

2. 战略实施业绩评价

高层战略实施成果的评价标准首先是投资或资产利用的效率和效果，其评价内容还需包括通过平衡计分卡得出的非财务指标。换言之，业绩评价除了考虑结果控制指标外，还要考虑过程控制指标、主观业绩评价指标以及社会责任履行情况。

3. 高管激励

高管激励是公司治理的动力机制，是公司治理机制的核心内容之一。在激励制度设计过程中，要注意以下几点：①将完成任务的效果直接与报酬挂钩。公司高管的任务来源于董事会通过的战略计划，高管的报酬在很大程度上取决于完成任务的效率和效果；②设计合理的报酬结构。经营者的报酬可以采取工资、奖金、股票和股票期权等形式，而最优报酬设计应是不同报酬形式的有机结合，另外，董事会应根据企业发展战略调整报酬结构。

（二）中层管理控制系统的核心在于协同

1. 中层管理控制系统的首要目标是战略协同

战略协同强调公司战略与业务单位战略的一致性，这对于公司战略的成功实施十分关键，其方法是借助战略地图和平衡计分卡实现战略转化，即它是以组织结构和业务流程为基础，将表示公司整体业绩的平衡计分卡指标横向分解为各责任主体业绩指标、纵向分解为责任主体内部各个层级乃至每一位员工的业绩指标。这一过程使不同层级的评价指标通过因果关系而相互关联，确保了评价指标与战略挂钩，同时也有利于战略协同的实现。

2. 构建以预算为核心的监控系统

公司管理的核心问题之一就是整合，即将众多二级经营单位及其内部各个层级、各个单位和各位员工联结起来，围绕公司总体目标运作。实践证明，全面预算管理是实现公司整合最基本、最有效的手段，其核心在于通过构建预算监控体系，实现公司总部对二级单位的监控。预算监控系统包括预算执行进度的计量与监控、实际业绩与预算比较、反馈报告三部分。

3. 建立基于目标一致性的业绩评价系统

实现战略协同面临着一个基本问题，即如何将所选战略通过预算转化为一套完整的绩效衡量标准，从而引导中层管理者的努力方向，其突出特点是通过量化标准使中层管理者明确自身目标，实现企业总体目标与个人目标的紧密衔接。预算控制突出过程控制，可在预算执行过程中及时发现问题、纠正偏差，保证目标任务的完成。对中层管理者的业绩评价，除了以预算为核心的财务指标外，还应包括非财务指标，并通过平衡计分卡实现预算与非财务指标的整合。但以预算和平衡计分卡为基础的业绩评价强调的只是结果评价，为强化过程管理和弥补量化指标的局限性，在强调结果评价的同时，还要考虑过程评价和主观业绩评价，而以管理驾驶舱为基础的业绩评价可以满足这一需要。

（三）基层管理控制系统的核心在于效率

管理会计一直把基层称之为成本中心，顾名思义，成本中心需对成本负责，并以成本为考核和奖惩依据。但此处的成本不是完全成本，而是责任成本，即成本中心的可控成本。基层管理控制系统正是以成本责任中心为基础构建的管控机制，主要包括以下两方个面：

1. 构建基层考核指标

在管理上，成本中心属于作业层次，按照精益生产的思想，质量、效率和时间是核心，因此，作业管理强调的是作业的质量、效率和成本。基于此，对成本中心除考核传统的责任成本之外，还应包括质量、效率和时间三方面。质量指标包括质量成本、残次品百分比等；时间指标包括顾客反应时间、生产周期效率等。效率可以利用生产率指标加以计量。

2. 建立业绩报告制度

业绩报告是对各作业中心的作业执行情况的系统概括和总结，有助于控制和调节基层单位的业务活动，保证企业作业目标的实现。基层业绩报告分为以下四种形式：

一是基于标准成本法。主要反映成本中心直接材料、直接人工、变动制造费用和固定制造费用的标准发生额、实际发生额、实际成本与标准成本的差异额和差异率，并通过差异分析明确差异原因和责任。

二是基于作业成本。将成本中心实际作业成本与预算成本进行比较，反映成本动因变化、效率变化、资源成本变化引起的差异，同时也可以通过编制增值和非增值成本报告，评价作业管理的有效性。

三是基于平衡计分卡。除反映责任成本指标的完成情况之外，还反映客户、内部流程、学习与成长等非财务指标的执行结果。

四是基于操作仪表盘。操作仪表盘可以按秒、分钟、小时来捕捉并显示业务进程，帮助基层经理和一线员工监控并优化操作流程；也可以用诊断性度量指标衡量进行中的流程，诊断性指标实际值显著超出预期标准时，系统就会发出预警。

第三节　预　算

一、管理会计在预算管理中的应用现状

管理会计（Management Accounting）起源于 20 世纪初的传统会计，其生成时间远短于财务会计，却在生成之初就成为能够辅助企业管理、帮助企业提高经营利润的会计分支。管理会计在第一次世界大战期间被美国企业首先推行，但并未被企业和会计行业内部重视；直到第二次世界大战结束后，国内和国际市场竞争加剧，企业受到市场需求的刺激，不得不通过提高产品质量、降低产品成本、提高生产效率来扩大企业的经营利润，管理会计才得到进一步的重视，被正式命名并与财务会计进行区分。随着改革开放的深入，我国国内市场竞争激烈程度不断加剧，管理会计逐渐成为企业生存和发展的重要途径，可以帮助企业更科学、合理的使用资金和资产，因此，自 2013 年起，我国开始大力推行管理会计，且于 2014 年由我国财务部正式发布《关于全面推进管理会计体系建设的指导意见》（简称《指导意见》）。

二、管理会计在预算管理中应用存在的问题

（一）管理会计存在局限

管理会计起源于西方发达国家，它更适合西方国家的经济形势，我

国虽然自 2014 年后开始大力推行管理会计，但我国更多的是选用成熟的西方研究成果和管理会计实例，并未通过研究形成符合我国经济形势的管理会计体系。管理会计在我国应用的局限体现在它在定量分析方面的不完整，这使得管理会计虽然有财政部大力推行，但想要适合我国企业使用还需要进行一定的优化和调整。我国市场经济十分具有中国特色，国家政策的倾向对企业的发展十分重要，与政策倾向和市场风向变化对企业的影响相比，管理会计的能量相对较小，还需要进一步地发展才能正式在企业发展中占据主动。

（二）管理会计的推动需要占用部分资源

管理会计属于企业内部控制的组成部分，主要负责辅助企业进行经营管理，致力于帮助企业提高经营利润，内部控制的实现不可避免地会占用企业经营岗位、人力引进计划、固定资产和资金使用预算，在大型企业中，经营者想要在已经成型的管理体系中加入管理会计将受到较大阻力，阻力更多来源于管理体系，在中小型企业中实现管理会计的阻力更多来自企业所有人，因为在实施初期必然会占用企业生产经营的部分资源，这使得管理会计的推定和落地有一定的阻力，比较被动。

（三）财务人员的素质影响

制度、政策、决策的落地和执行需要人，管理会计的推行和使用同样需要财务人员的配合，这使得财务部在推行管理会计的过程中，对从事财务管理工作的工作人员提出了更高的要求，然而，我国当前从事财务管理工作的人员持证率远低于合理水平，对管理会计内容、特点有所了解、认识的财务管理人员数量更少，对企业经营发展认识不足，这使得财务人员本身被局限在财务会计工作之中，无法影响企业管理层的决策，同时也无法影响到企业经营管理的决策，在很大程度上限制了管理会计的推行和应用。

三、优化管理会计在预算管理中应用的措施

（一）正确认识管理会计

企业发展过程中需要正确认识管理会计，正确认识管理会计的内涵、特点，正确认识并处理管理会计与预算管理、企业内部控制之间的关系，企业的财务管理部门需要从管理会计的角度出发，正确把握财务与企业经营管理之间的协调，一方面避免因为企业在经营管理过程中追求效益导致财务风险爆发；另一方面避免因为财务风险的限制导致的企业经营管理的受限，而是要让财务预算管理会计逐渐融入企业的运营，巧妙地利用预算的管理和实施使企业发展更加科学、规范、合理，并且降低企业的财务风险。

（二）完善预算管理会计制度

1. 科学完善制度

企业在进行财务预算时必须深入剖析企业自身的实际需求和管理会计的特点，贯彻财务部推行的管理会计《指导意见》，为企业建立完整的、多层次的、具体化的财务管理会计制度；企业财务管理部门在运行和执行管理会计制度的过程中需要在遵守国家法律法规的同时遵守企业内部制定的管理会计制度，使管理会计能够与企业经营管理相融合，使财务预算管理能够为企业的经营管理提供辅助力量；完善的管理会计制度需

要准确落实在各工作岗位之上，对企业经营管理和财务管理的各个方向进行细致规定，完善企业在资金使用、资产管理、风险控制、责任划分等多个方面的细节，搭配企业绩效考核制度进行落实和执行，使企业内部管理得到切实的使用，为企业的生存和发展发挥应有的力量。

2.财政预算一体化

企业想要推行管理会计，必须要实现财政预算一体化。传统企业财务管理工作将预算的管理分为"收入""支出""管理"三部分；而在管理会计推行过程中，企业需要完成对预算管理的重新规范，根据管理会计的要求重新制定预算制度和标准，将预算管理的范畴扩大并细化，预算管理的范畴扩大是指财务预算管理需要参与企业经营全过程的管理，参与对企业生产经营的全程监督，以便及时地解决企业经营管理中出现的各类资金问题；预算管理的细化是指财务管理部门将企业经营过程中可能出现的资金支出、收入问题进行细致划分，例如，预算支出要从人力资源支出细化为基本薪资支出、培训支出、五险一金基数调整额外支出、编制扩充支出，以便于财务管理部门对企业部门动态进行监督管理，将企业预算支出控制在一定范围内，辅助企业内部财务控制的施行。

（三）注重财务风险防范

企业在经营过程中必须重视对于财务风险的防范，避免在资金流动过程中出现资金链断裂等威胁到企业的生存，因此，企业财务管理部门必须明确企业经营过程中的薄弱环节，通过预算管理与经营管理的配合对薄弱环节进行覆盖，最大限度地避免资金大量外流、企业账目存在大量应收账款的情况出现；进行企业闲置资金投资时也需要兼顾收益和企业可承受风险，万不可为了追求利益而让企业财务出现新的风险，还要通过严格的审核控制投资项目的组合合理性，避免财务管理人员以伤害企业利益的方式获取私利；企业应当坚持现代化财务建设，应用成熟的财务管理系统辅助财务人员工作，一旦出现财务风险可以及时提醒，避免因人为失误导致企业经营管理受阻；企业应当坚持预算编制，对部门经营过程中的超支情况进行严格审查，对于不必要的支出进行阻止，对于必要的支出予以支持，并及时采取措施，因为财务管理中的预算编制需要维护和坚持，但不可因坚持预算编制就阻止企业经营发展或坐视威胁企业生存的风险发生。

（四）财务人才培养

财务人才是企业推行管理会计、预算管理的重要基础，因此，企业必须重视对财务人才的引入和培养，结合西方发达国家的发展过程和结果，笔者建议企业在发展不同阶段采取不同的人才培养方式，首先在企业发展初期，可以采用持证上岗与岗内培养相结合的方式为企业打造财务人才梯队，为企业发展提供人才助力；当企业发展到一定阶段，有实力也有条件进行人才定向培养时，可以采用校企合作的方式，寻找合适的、有实力的高校或职业院校进行人才定向培养，用市场需求引导学校增设管理会计专业课程，企业原有的岗内培养也可以转移一部分课程与学校专业课程合并，为企业节省一部分的培训支出，又可以培养出企业需求的财务管理人员，为企业未来发展提供人才助力。

在内部控制成为决定企业生存和发展重要因素的当代，企业预算管理迎来了全新的发展空间，在管理会计的视角下，防范财政风险、完善资金预算管理、科学资金利用效率成为决定企业进步和发展的重要因素，我国企业必须重视管理会计和预算管理的应用，为企业内部管理提供坚强的资金辅助。

第四节 控 制

管理会计的控制理论和方法研究在我国发展还不是很全面，在企业中的应用还存在一定的问题。必须加强对管理会计适用性的研究，大力宣传管理会计的重要性，在管理会计的控制理论和方法的操作上下功夫，使管理会计在企业中的应用能够发挥相应的作用，为管理会计的控制理论和方法在我国企业中的应用营造良好的环境，促进企业的健康快速发展。

一、管理会计的控制理论与方法的现状

（一）管理会计的演进历程及相关研究

西方国家从很早开始就开始了对管理会计的研究，管理会计的产生是在 20 世纪初期，当时已经有企业的管理层开始对企业的内部计量方法进行关注。企业除了通过市场销售的数量等相关信息对企业生产效率进行了解，也开始在企业内部通过特定的衡量手段进行考核。企业在原有会计制度的基础上，自主研制出一种全新的成本会计制度，对企业的成本以及内部的各项数据变化进行控制和管理。管理会计的控制理论和技术方法得到了初步的发展，当时比较主要的管理会计技术方法是对现金交易进行汇总，编制完成的成本会计报告，并根据财务信息对企业的营业情况进行统计。

对于企业管理会计的研究也经历了不同的阶段，每个阶段对管理会计研究的侧重点都不相同。最开始对管理会计进行研究时，主要考虑的是对企业成本的确认，管理会计的主要任务就是将企业成本真实准确地反映出来，使用的技术方法专业性极强。之后对于管理会计的研究主要集中在管理会计的实用性方面，要满足企业领导者对会计信息的不同需求，相关成本成为重点，理论和技术方法也在不断丰富。在此基础上，对管理会计的研究重点转为决策分析，强调会计信息的真实性和准确性，为企业领导者的决策提供依据。随着信息时代的到来，经济发展中的信息化程度也在不断提高，研究重点转向解决多人决策的问题。

（二）管理会计的应用现状

随着社会主义经济的发展，我国经济也进入了繁荣阶段，但对于管理会计的控制理论与方法的相关研究起步较晚，发展还不是很成熟，在推广和应用中存在一定的问题。管理会计还没有形成完善的体系，在应用过程中缺乏相应的经济体制环境，我国在相关方面的法律法规还不是很健全，使得管理会计在应用时的真实性欠缺。管理会计在应用时需要有相应的会计准则进行指导，但是目前还没有相应的会计准则可以与之相匹配，使其在理论和实践中无法达到理想的效果。

二、管理会计的控制理论与方法中存在的问题

（一）控制理论与实际存在出入

在管理会计的控制理论与方法中存在着一些会计假设，会计假设是对一些会计领域中的不确定因素进行合理判断的方式，但是在目前的会

计假设中，存在与现实情况不相符的现象。面对不断变换的市场经济环境，需要对会计领域中一些暂时无法验证的情况进行合理预测，这种预测并不是没有根据的，而是具有很强的逻辑性判断。但是，人的思维能力毕竟有限，无法十分准确地预知市场和企业的各种变化，这就使得管理会计中的会计假设与企业的实际经营状况存在很大出入。

（二）管理会计方法的操作性较低

管理会计对数据的真实性要求极高，这使得管理会计的技术方法也必须不断地改进，于是在管理会计的技术方法中引入了大量的高难度的数学模型，这些模型的引入使得管理会计的现实可操作性降低。会计从业人员在对管理会计的方法进行使用时，会觉得这些方法很难理解和掌握，使管理会计的理论和实践的距离不断加大，不利于管理会计的应用和推广。

（三）与企业和市场需求不符

管理会计研究的最终目的是将其应用到实践中，但是在管理会计的理论和方法体系中，有很多是企业和市场不需要的方法，在企业中无法起到相应的作用。管理会计的技术方法大多是工业企业中应用的，对于金融行业的企业、建筑行业的企业等起不到作用，所得信息是企业决策者所不需要的。管理会计的理论和方法研究中没有与市场发展的实际情况相结合，联系不够紧密，考虑不够全面，使得其在应用的过程中相关性较低。

（四）管理会计的应用情况不力

管理会计在企业发展中的作用十分明显，但一些企业并没有不重视对管理会计的应用，在推广应用上的力度不够。由于企业领导不够重视，企业在会计信息的整理时很少会用到较难的管理会计方法。企业会计从业人员的素质达不到相应的要求，无法对管理会计的高级方法进行掌握，也不适应这种操作方式，使得管理会计在应用过程中被忽略。企业中缺乏配套的基础设施建设，计算机使用率较低，管理会计在使用中无法发挥相应的作用。

三、强化管理会计控制理论与方法的对策

（一）加强控制理论研究与实际的契合性

加强对管理会计的规范性研究，在进行会计假设时，要充分地了解市场行情以及企业的发展状况，将可能发生的变化全面地考虑进去，使其与实际的企业经营活动中发生的情况能够具有最大限度的契合。

（二）提高管理会计方法的可操作性

不但要加强对企业管理会计的规范性研究，同时也要提高管理会计的控制理论和方法的可操作性，不能只对管理会计进行高深的研究，而是要为实际的操作打下基础。将管理会计的控制理论和方法中的数学计算方法尽量简化，拉近理论与实践操作之间的距离。

（三）满足企业及市场发展需要

加强对管理会计的控制理论和方法的适用性研究，满足不同企业的决策者和市场对于管理会计的需求。对市场动态和企业经营管理需求进行深入的分析，加强管理会计获取信息的真实性和完整性，从不同的层

面和角度对不同企业的多个决策人进行需求分析，提高管理会计在企业中的积极作用，为企业决策者做出正确科学决策提供充足、准确的信息依据。

（四）提高管理会计在企业应用中的适用性

在企业中成立专门的管理会计研究机构，提高管理会计的控制理论和方法在企业中的适用性，推动管理会计在企业中的大范围应用。提高企业管理者对管理会计的重视，为管理会计的控制理论和方法的应用营造良好的环境，以财务会计为基础对管理会计进行应用，将财务会计的信息充分地利用在管理会计的整理分析中。

第五节　评　价

经济的飞速发展，企业经营规模的不断扩大，对管理会计的要求更加严谨。管理会计是主要利用财务信息深度参与到企业管理决策、制订计划与绩效管理系统、提供财务报告与控制方面的专业知识以及帮助管理者制定并实施组织战略的职业。基于此，管理会计是企业的战略、业务、财务一体化最有效的工具。现如今，管理会计应用效果在很多方面还不尽如人意，究其原因，其人员素质是非常重要的一个方面。本节将主要以"管理会计与绩效评价"为主要研究对象，展开深入、细致的研究和分析。

一、管理会计与绩效评价概述

（一）管理会计概述

管理会计，也称为分析报告会计。在日常工作中，主要包含两类内容，第一，通过分析、挖掘企业相关数据和信息，为新决策的提出发挥着十分重要的作用。具体来讲，就是通过将企业经济方面的信息等相关数据进行反馈，并结合企业业务情况、财务信息等各方面情况，进行深度挖掘，结合实际情况，从而为企业的发展提供重要的依据，使新决策的提出更加契合企业发展的实际状况。第二，依托企业现有的指标，对企业发展的现状展开研究和分析，主要目的是深入了解企业在发展的不同阶段，不适宜企业发展的重要部分，依托科学的指标体系，针对问题，提出建议和对策，主要是为企业的发展把握方向，有效规避可能遇到的各种风险，为企业的良好发展奠定坚实的基础。

（二）绩效评价概述

在现代企业管理的过程中普遍开始采用绩效评价的方式，只是评价体系表现出了某种程度的差异性，但不管采用哪种评价体系，员工绩效在企业的绩效评价系统中是主要指标。在实际操作过程中，通过一定的评价程序，采用恰当的评价方法，对员工进行考核，主要是业绩层面和能力层面的，建议采用定期与非定期相结合的方式，然后根据考核的结果，给予员工对等的酬劳。

二、管理会计中应用绩效评价的必要性

（一）提升管理会计应用效果的需要

在世界主要发达国家，尤其是欧洲国家、美国和日本等，管理会计的应用非常广泛。而我国则相对较弱，主要原因是我国管理会计的起步相对较晚，现阶段处于发展时期。应用程度、应用效果均比较低成为管理会计在企业管理和发展中的重要阻碍因素，虽发挥一定作用，但作用并不明显。通过一定的激励政策，使管理会计能够在应用绩效评价中发挥重要作用，从而使管理会计人员的工作积极性得到提高。同时能够在一定程度上提升业务人员的业务能力，使管理会计的应用效果得到一定增强，扩大影响，提高我国企业对于管理会计的了解程度，为管理会计在我国企业发展和管理中发挥更有效的作用奠定坚实的基础。

（二）提升企业决策正确性

竞争是如今社会最为显著的标志，也正是因为如此，市场环境总是表现出极大的不确定性。任何企业，无论规模大小，要想求得更好的生存和发展，先进的理念至关重要，还要善于捕捉机会，及时地做出决策的调整，赢得更好的发展机会。管理会计的作用在于企业发展的每个阶段，信息都可以通过企业会计得以表现，然后以此作为重要依据，对信息展开评估和研究，对未来可能的发展趋势进行预测，为企业后续决策的制定提供依据和参考，通过作业成本法、本量利分析法等管理会计工具发挥重要的作用。如果在对会计人员进行管理的实际过程中，以合理的方式引入绩效评价，更加容易实现管理的规范化和标准化，更加有利于员工的进步和成长，从而使他们以高度的责任感和主人翁的使命感投入实际工作中，使管理会计工作的质量和效率得到有效改善和提升。

三、管理会计应用中绩效评价系统建设的完善措施

从目前所了解的实际情况来看，现阶段的管理会计在应用中还面临着很多的难题和困境，源于管理人员个体的、外界的影响因素等，对于其效果的发挥都有着极大的制约作用。在这样的现实背景下，在企业管理会计中引入绩效评价体系，有利于激励机制的形成，有利于绩效评价体系的建立和完善。具体来说，应该从以下几个方面着手努力：

（一）评价指标要进一步完善

要想保证绩效评价在管理会计中能够充分地发挥预期的理想作用，前提就是科学地引入评价指标，笔者认为，评价指标应该由两部分构成：

第一部分是与财务相关的指标。对于会计管理人员而言，财务信息本身就有着极为重要的作用和积极意义，因此在进行绩效评价的实际过程中，财务指标是不容忽视的。这一类别的指标主要是对企业的资产情况进行综合性评估，其中包含有财务的损益表、现金流量表以及资产负债表等。但是，从实际的应用效果来看，存有很大的缺陷，尤其是不够准确，不够客观，也不够全面，所能够展现出来的仅仅局限在企业的经营成果，对于起来未来的发展无法产生科学的评价作用。还有一点就是评价指标相对单一，对于企业会计人员的业绩和综合能力也无法进行准确反映和评价。

现行的财务指标体系中虽然有了很大的改善，但是依然存在一定缺陷。对于企业的管理人员来说，必须要充分了解企业的发展现状，立足实际，切实做好绩效评价内容的丰富和完善。笔者建议引入"价值增值"这个新的指标，主要的原因如下：

首先通过该指标，能够在较短的时间内对经济决策的效果做出评估；其次是这个指标的引入，能够科学地显示出在权益市值范围内产生的影响，还可成功地预测出企业在未来一段时间可能面临的经营状况。尤其需要注意的是，在对该指标进行计算的时候，不仅仅对于企业发展时期的现金贴现数据要有所了解，更为重要的是要对计划执行初期的市场价值有所了解。

第二部分指标是非财务类型指标。主要目的是和财务指标一起，保证企业价值衡量的科学性，常用的主要有顾客指标、学习指标、创新指标。当然，指标的选用需要符合企业自身的发展状况，还要进一步做好技术培训和员工培训，强化创新能力。

（二）制定科学的评价制度

在管理会计中要想真正合理地应用绩效评价，就要不断地对相应指标进行修正和调整，更为关键的是要保证所采用的评价方法要科学、合理。评价结果要想真正公平、客观、准确，在进行评价的制剂过程中，最好是能够引入多种评价方式，可以是个体对自己进行的评价，可以是同行之间的评价，也可以是领导做出的评价。

个体的自我评价，就是自己针对表现做出的评价，主要包括自身的业务能力状况、目标的完成情况等。自我评价有利于主体意识的提升，有利于个体的自我完善。大量研究表明，个体评价更加强调和突出积极表现，有利于员工的进步。同行评价也是一种常见的方式，因为同事之间的交流和沟通相对较多，无论是同一个部门之间，还是不同的部门之间，通过彼此之间的评价，对员工的表现能够进行全面的评价。最后就是领导做出的评价，结合会计人员的综合表现，给出结果，最终对三种方式的评价结果进行汇总。

（三）采取合适的激励制度

管理会计中绩效评价有着重要的作用，但是只有与之相配套的激励制度才能将其作用充分发挥出来。为此，笔者建议，要充分了解员工，对于员工的奖励，要依托结果，符合员工的实际要求，如果员工看重物质层面，可以通过薪酬的提升实现；如果注重自我的成长，可以通过职位的提升得以实现。当然，对于综合评价结果不理想的员工，要给予相应的惩罚。

综上所述，将绩效评价体系引入企业的管理会计中，既有利于管理会计应用效果的提升，也能更好地满足企业政策准确性提升的实际要求。所以，在进行实际应用的过程中，一定要切实做好绩效评价指标体系的建立和完善，制定科学的评价体系，建立并完善激励制度，这样管理会计的应用效果才能得到改善，作用得到积极发挥，为全面实现企业的快速发展奠定坚实的基础和有力的保障。

第五章　会计学概述

第一节　会计学若干理论问题

任何一门科学的建立，都有其独特的理论体系，会计学亦是如此。会计学通过对各种财务活动、财务报表等进行收集、整理、分类与分析，为相关单位的经济发展战略的制定提供了较为详细的参考数据，这些都基于它本身较为系统的理论体系。不过也应看到，会计学在开始建立时，其自身的理论体系并没有十分严密和完整，它是在之后的生产发展中日趋完整起来的。本节仅就会计学的几个基本理论问题做以探讨。

随着社会经济的发展，对会计学方面理论知识的需求的加大，构建一个严谨且完善的会计学理论体系已经成为该学科研究中的重要工作，因而，需要相关工作人员加强对会计学的相关理论的综合探究，从而总结出较为合理的研究结果，进而为整个会计学理论体系的构建贡献才智。

一、概念问题

每门科学都应有自己特定的概念，以区分与其他科学的不同。但会计的概念却备受争议，说法不一。参考某些比较经典的出版著作和教材中对会计所下的定义，我们可以将会计的概念分为以下几类：①"工具类"。单位发展过程中运用会计学相关知识与核算方法对其相关的经济活动进行全面系统的记录和计算，而最终通过相应的财务报表将单位一段时间的经营状况进行汇总与分析，为单位在不同方面的具体管理提供参考依据。②"方法类"。单位经济发展多以货币交易为主，通过对账簿进行计算等方式进行具体的经济活动。③"综合类"。这种概念的支持者认为会计学既是单位经济管理的工具，又是单位进行核算的方法，是两者的兼并与融合。④"管理类"。这种说法始于20世纪80年代，一些会计学术论述中认为会计"属于管理范畴，是人的一种管理活动"。

当然，除了以上四种比较主流的解释之外，还有许多关于会计的概念，此处不再一一列举。笔者认为，对会计的定义不能一概而论，要区分其产生和发展的不同历史时期。会计是随着管理的需要而产生的，同时也是随着生产的发展而发展的。纵观整个会计发展史，就会发现会计学的发展史其实就是其自身从雏塑到精细，从粗浅到完善的"蜕变史"。而会计的概念也是在这些"蜕变"过程中不断发生变化的。据文字记载，早在我国的周朝时期，国家机器就已经专设了管理全国钱粮会计的官吏，产生了所谓"大宰""司会"等称谓。《十三经注疏—周礼天官篇注疏》也明确指出："司会主天下之大计，计官之长，以参互考日成，以月要考月成，以岁会考岁成之事"。这时，"会计"的意思就只是计算。后来，随着生产的发展，会计的含义也发生了很大的变化，它不仅对经济现象进行计算，而且还对经济活动进行监督、控制、预测和决策。在当今社会主义社会中的会计就是以货币作为主要计量单位，然后对社会再生产过程中的资金运动进行连续、系统、完整、综合地反映、监督、控制、预测和决策的经济管理的一门科学。

二、对象问题

会计学的研究对象是引导当今研究人员确定正确研究方向的基本保障，但业界学者对这个问题却是众说纷纭，各执一词。尽管说法不一，但总结起来可分为以下几类：①"运动论者"，持有这种观点的学者强调，会计主要是针对社会经济发展中的资金的流动问题进行研究，因而其主要研究对象是社会再生产过程中的资金运动问题。②"经济活动论"，主要兴盛于 20 世纪五六十年代，持有这种观点的学者认为，会计以货币为表现形式参与到社会不同性质单位生产发展中，并且其为各单位的生产经营活动提供强大的资金支持，因而其主要研究对象是行政单位在社会主义再生产过程中能够用货币表现的经济活动；③"信息论"，持有这种观点的研究人员认为，会计以账簿为表现形式详细地记录着单位的每一笔经济活动和财务收支情况，这些财务收支报表为单位一段时间内的经济决策等提供了有力的信息，因而会计学研究的对象就是社会主义再生产过程中的信息。

笔者认为，在不同历史时期和不同社会性质中，会计的对象也是不同的。在研究会计学的研究对象时，我们应从发展、变化的观点来确定会计的对象，绝不能概而统之。在原始社会时期，人们以狩猎采摘维持生存，并不存在商品贸易，所以也没有货币的概念，在这个时期，会计处于萌芽阶段，只能通过"结绳记事"来反映人们的劳动获取和劳动消耗。这一时期，会计核算的对象只能是使用价值，绝不能说是资金运动或是其他。到了奴隶社会以后，出现了商品贸易和早期货币，这一时期，会计的核算对象由最初的使用价值变成了价值运动。至于在当今的社会主义和资本主义社会中，由于社会性质的不同，会计的对象也不尽相同。在资本主义社会中，资本家私人占有生产资料，其生产目的是榨取人民劳动，从而获取剩余价值。在这样的生产关系下，资本家为了让剩余价值得到最大化，于是使投入生产经营后的资本发生无限的资本运动。所以，在资本主义社会，会计的研究对象就是资本运动。相反地，在社会主义社会中，生产资料实现了公有制，生产目的是最大限度地满足人民日益增长的物质文化生活的需求，这时投入到生产中的价值，就不再是资本，而是资金。因此，社会主义会计的对象就是资金运动。

三、属性问题

与会计的概念一样，一直以来会计属性问题也是我国会计学研究者重点探究的问题之一。虽然科学者对此问题争论不休，但综合起来也不外乎这样三种观点：①"社会科学属性"。因为会计学是研究社会再生产过程中人与人之间的相互关系的，而人，作为经济活动的主体，似乎并不能被归属为自然属性的范畴中。因而被一部分学者归入社会科学这一属性中。这称为"生产关系论者"；②"自然属性"。既认为会计是纯技术性的一门自然科学，不具有任何社会属性，这叫作"生产力论者"，与第一种观点针锋相对；③"双重属性"。折中地认为会计既是一门既属于社会科学，又属于自然科学，具有"双重属性"的科学，持这些观点的学者又被称为"二重性论者"。

笔者认为，会计的属性从某种程度上讲是由会计的概念所决定的，在不同历史时期，会计有着不同的属性。早期的会计只是"生产职能的附属部分",因此,这个时期的会计只能属于自然科学。但是随着生产的发展,会计"从生产职能中分离出来,成为特殊的、专门委托的当事人的独立的职能"(马克思《资本论》)。这一时期,会计就成为一门以自然科学为主,同时又带有社会科学性质的经济管理科学。

总之,会计是与社会经济密切相关的一门科学,只有弄清会计的概念、对象、职能、属性等若干基本理论问题,加大对整个会计学的研究力度,才能为我国会计学理论体系的完善和构建提供帮助。

第二节　环境会计基本理论

环境会计是会计领域一门新型的交叉学科，关于环境会计的概念、假设、计量、报告及记录等是研究的核心问题。通过对其相关内容的梳理，提出具有实践性的观点、程序、方法，希望能为今后的研究、实际操作提供理论上的支撑。

一、环境会计

英国《会计学月刊》1971年刊登了比蒙斯撰写的《控制污染的社会成本转换研究》，1973年刊登了马林的《污染的会计问题》，自此揭开了环境会计研究的序幕。1990年Rob Gray的报告《会计工作的绿化》，是有关环境会计研究的一个里程碑，它标志着环境会计研究已成为全球学术界关注的中心议题。

环境会计是以环境资产、环境费用、环境效益等会计要素为核算内容的一门专业会计。环境会计核算的会计要素，采用货币作为主要的计量单位，采用公允价值计量属性，辅之以其他计量单位及属性完成会计核算工作。但环境会计货币计量单位的货币含义不完全是建立在劳动价值理论基础上的。按照劳动价值理论，物品只有经过交换，其价值才能以社会必要劳动时间来衡量，对于非交换、非人类劳动的物品，是不计量的，会计不需要对其进行核算。然而这些非交换、非人类劳动的物品有相当部分是环境会计的核算内容，因此，环境会计必须建立能够计量非交换、非劳动物品的价值理论。

二、环境会计假设

（一）资源、能源的价值

资源是有限的，越开采就会越少。生态资源的有限性决定了人类不能无限制地开采，对已被过度耗费的存量资源要进行不断的补偿。生态资源的有限性还决定了要用一定的方法对生态资源的存量、流量进行测算、计量、评估、对比等。

（二）国家主体

生态环境资源应当看成是整个社会的权益，这是由生态资源的特点所决定的。任何生态资源都既对当地产生影响同时又对全局产生影响。由于生态资源地理属性和发挥其作用的迁移性，使其对生态资源开采的影响、生态成本的补偿、生态收益的确认都大大超过了地理属性的范围，从而使环境会计的空间范围大大扩展，并呈现出宏观会计的显著特点。

（三）资源循环利用

按照生态规律利用自然资源和环境容量，倡导物质不断循环利用，实现经济的可持续发展。运用生态学规律，将人类经济活动从传统工业社会以"资源→产品→废弃物"的物质单向流动的线性经济，转变为"资源→产品→再生资源"的反馈式经济增长模式，通过物质循环流动，使资源得到充分的利用，把经济活动对自然环境的影响降到尽可能低的限度。

（四）价值等多重计量

传统会计要素都以货币进行计量。环境会计却不能被限制只用货币作为计量单位来反映生态资源状况；用货币计量反而不能说明问题。但在财政转移支付量上、对生态建设的项目投资上，却又不能不用货币计量。难点是如何把这两种计量统一在环境会计的核算体系中，如何使两者在需要的时候能够进行有效转换。

三、环境会计的确认与计量

环境会计要素的确认和计量是环境会计研究的难点。环境会计的计量可以建立在边际理论与劳动价值理论相结合的基础上，对于包含劳动结晶的环境要素，按劳动价值理论建立的计量方法、计量法则，按边际价值理论建立的计量方法计量。围绕环境会计中的确认问题，分析环境会计要素确认的特殊性，重点研究单位环境会计中的资产、负债、成本等会计要素的确认问题。

（一）环境负债的确认与计量

单位环境负债是指由于过去或现在的经营活动对环境造成的不良影响而承担的需要在未来以资产或劳务偿还的义务。它是单位承担的各种负债之一，具有单位一般负债的基本特征，同时也有自己的特殊表现。按照对环境负债的把握程度，可以把环境负债分为确定性环境负债和不确定性环境负债。

1. 确定性环境负债的确认与计量

确定性环境负债是指单位生产经营活动的环境影响引发的、经有关机构做出裁决而应由单位承担的环境负债。主要包括排污费、环境罚款、环境赔偿和环境修复责任引发的环境负债。

环境责任导致环境负债的确认和计量是很简单的，如排污费、环境罚款和环境赔偿，通常是由环境执法部门或司法程序确定。这些环境负债的计量也很简单，可直接根据环境执法机构的罚款金额或法院裁定的金额进行计量即可；相反，有些责任的认定和负债的计量是复杂的和不确定的，如环境修复责任的认定及其导致的环境负债的计量。对于法律、法规强制要求性的环境修复责任，单位可以按照相关规定的提取比例和提取标准进行计量。对于单位自律性环境修复责任，可以根据单位决策机构或专业咨询机构的测定，考虑单位自身的承受能力，均衡单位社会责任、社会环保形象、环保目标等诸多因素综合确定提取的标准和提取比例。在单位持续经营过程中，提取的比率和金额也可能是不断变化的。引发这种变化可能是多种原因，如单位承受能力的增强和单位形象的更慎重考虑，单位可能提高提取比例；还有对环境修复费用的重新测定或评估，导致对环境修复责任的判断发生变化；单位环保目标的修正等。

2.非确定性环境负债的确认与计量

非确定性环境负债也称为或有环境负债，是指由于单位过去生产经营行为引起的具有不确定性的环境责任。在过去的单位会计业务中，人们很少关注单位环境责任引发的潜在环境责任承担问题，只有在切实遭受环境处罚和赔偿时，再作为一项营业外支出项目处理，这种处理方式缺乏稳健性，所提供的信息也不完善。单位环境会计应当借鉴或有负债的理论与实践来处理环境影响责任问题。如果环境责任发生，且其导致的损失金额可以合理地予以估计，计提或有损失。

（二）环境资产的确认与计量

1. 环境资产界定

目前在资源环境经济理论界与会计学界的看法并不一致，且形成了下述三种主要的看法。

（1）从环境会计的定义或其研究对象出发所推论的环境资产。对环境资产的认识，有的学者是在环境会计的定义或其研究对象中予以界定的。由于学者们对环境会计的定义或其研究对象认识不同而导致了其所界定的环境资产也不同。如英国邓迪大学格雷认为，环境会计中的环境资产是人造环境资产和自然环境资产。孙兴华等认为，环境会计的对象是全部自然资源环境。王冬莲等认为，在环境会计中把自然资源和生态环境确认为资产，实行自然资源和生态环境的有偿耗用制度。可见，其所指的环境资产包括自然资源资产和生态环境资产。

（2）从宏观角度直接定义的环境资产。从宏观角度直接定义环境资产的权威当属 1993 年联合国环境经济一体化核算体系和联合国国民经济核算体系中给环境资产所下的定义，不过两者对环境资产的定义还是存在差别的。

联合国国民经济核算体系认为，只有那些所有权已经被确立并且已经有效地得到实施的自然产生的资产才有资格作为环境资产。为了符合环境资产的一般定义，自然资产不仅必须要被所有人拥有，而且如果给定技术、科学知识、经济基础、可利用资源以及与核算日期有关的或在不久的将来可预料到的一套通行的相对价格，它还能够为其所有者带来经济利益。不满足上述标准的被划在联合国国民经济核算体系的环境资产范围之外，特别是所有权不能被确立的环境资源，主要包括空气、主要水域和生态系统等，因为这些环境要素非常巨大、无法控制，以至于不能对其实施有效的所有权。

（3）从微观角度直接界定的环境资产。从微观角度对环境资产直接进行界定也因有关组织机构或学者的认识不同而给出了不同的定义。联合国国际会计与报告标准政府间专家工作组认为，环境资产是指由于符合资产的确认标准而被资本化的环境成本，是从微观单位的角度对其所发生的与环境有关的成本因符合资本化条件而被资本化的部分。

2. 环境资产的确认与计量依据

对环境资产的确认问题，实质上就是要判断由于过去的交易或事项产生的项目是否应当以环境资产的形式计入单位财务报表的过程。以什么标准作为基本依据来确认环境资产，是我们研究环境资产确认问题时必须明确的一个问题。美国财务会计准则委员会对资产确认的一般定义可以成为确认环境资产的基本依据。在 FASB 的第 5 号财务会计概念公告中，对单位一般资产的确认提出了可定义性、可计量性、相关性和可靠性四条普遍适用的具体确认标准，这些标准是我们研究环境资产确认条件的基本理论论据。

一个项目是否应确认为单位的环境资产必须同时满足以下四个条件。

第一，符合定义。对于单位发生的成本只有符合这一环境资产的定义才可确认为单位的环境资产。

第二，货币计量。对于单位发生的不能用货币计量的有关活动或事项就不能确认为单位的环境资产。

第三，决策相关。只有与信息使用者决策相关的有关环境成本的资本化才能确认为单位环境资产。

第四，可计量性。由于单位环境资产是单位环境成本的资本化，而环境成本往往是单位付出了一定的代价的。因此，对单位环境资产取得时，其价值可以按所花代价进行计量。这种计量是有据可查的、可验证的，因此其计量结果应当是相当可靠的；否则，就不能确认为单位环境资产。综上所述，只有那些单位发生的环境成本中同时符合环境资产要素的定义、可用货币计量、与使用者的决策相关和能够可靠地计量等确认标准的项目才有可能被资本化，确认为环境资产。

3. 环境资产的确认与计量方法

（1）增加的未来利益法，即导致未来经济利益增加的环境成本应资本化。这是从经济角度考虑的，不过，对于污染预防或清理成本，在被认为是单位生存绝对必要的条件时，即使它不能够创造额外的经济利益，也应予以资本化。

（2）未来利益额外的成本法，即无论环境成本是否带来经济利益的增加，只要它们被认为是为未来利益支付的代价时，就应该资本化，这是从可持续发展的角度考虑的。

（三）环境成本的确认与计量

环境成本与传统单位成本相比，具有不确定性，但仍能根据相关法律或文件进行推定。在目前的会计制度体系中，在权责发生制原则下，环境成本应满足以下两个条件。

第一，导致环境成本的事项确已发生，它是确认环境成本的基本条件。如何确定环境成本事项的发生，关键要看此项支出是否与环境相关，并且，此项支出能导致单位或公司的资产业已减少或者负债的增加，最终导致所有者权益减少。

第二，环境成本的金额能够合理计量或合理估计。由于环境成本涉及的内容比较广泛，因此，其金额能不能合理计量或合理估计则是确认环境成本的重要条件。在环境治理过程中，有些支出的发生能够确认，并且还可以量化，如采矿单位所产生的矿渣及矿坑污染，每年需支付相应的回填、覆土、绿化的支出就很容易确认和计量。但有些与环境相关的成本一时不能确切地予以计量，对此我们即可以采用定性或定量的方法予以合理地估计，如水污染、空气污染的治理成本和费用，在治理完成之前无法准确计量，只能根据小范围治理或其他单位治理的成本费用进行合理估计。

环境成本的固有特征决定了环境成本确认的复杂性，严格确认环境成本是正确确认环境资产的前提条件，因此，必须强化环境成本确认的标准，为环境资产的确认奠定基础。

四、环境会计报告

对于披露环境会计信息的方式包括独立式环境会计报告模式两种。

（一）环境资产负债表

独立式的环境资产负债表是单位为反映环境对财务状况的影响而独编制的资产负债表。借鉴传统财务会计的做法，环境资产负债表左方登记环境资产，右方登记环境负债及环境权益，也遵循"资产＝负债＋所有者权益"这一理论依据。

在环境资产负债表中，环境资产是参照传统会计的做法分为环保流动资产和环保非流动资产两部分。

环保流动资产用来核算与单位环境治理相关的货币资金、存货、应收及预付款项环保非流动资产包括单位所拥有或控制的自然资源以及与单位环境治理相关的固定资产、无形资产、长期待摊费用等。

环境负债主要包括两部分：一是为进行环境保护而借入的银行借款，包括短期环保借款和长期环保借款；二是应付的环境支出，可按其内容分别设"应付环保款""应付环保职工薪酬""应交环保费""应交环保税"等科目进行反映。

（二）环境利润表

设置单独的利润表，可以较好地让信息使用者了解单位的环境绩效，揭示单位保护环境和控制污染的成效[1]。

环境利润表按照"环境利润 = 环境收入 – 环境费用"这一等式，采取单步式结构计算利润。

由于环保工作带来的社会效益等难以计量，故在环境利润表中的环境收入只通过环保交易收入、环保补贴贡献收入、环保节约收入三大项目来反映。其中，环保交易收入是指单位在生产经营过程中的各项交易事项形成的与环境保护有关的收入，可分为单位出售废料的收入、排污权交易收入以及因提供环保卫生服务获得的收入等。

环保补贴贡献收入是指由于单位获得的政府给予的环保补贴或因取得环保成果而得到的社会奖金，可分为政府给予单位的支持环保的补助

---

① 陈玉珍 . 基于网络环境的会计教学方法探究 [J]. 会计之友，2006（16）：76-77.

收入和环保贡献奖金收入。

环保节约收入则是单位在环境治理中取得的各项节约收入，这一部分收入虽然可能不容易直接计算，但仍然是属于单位在环境治理中获得的经济利益，理应计入环境收入。

环保节约收入可分为单位节约能源及材料的节约额、排污费节约额、节约的污染处理费、节约污染赔偿费，因环保贡献而受政府支持取得的低息贷款节约利息额、减免税收节约额等。

环境费用则按其性质和作用分为环境治理费用、环境预防费用、环境负担费用、环境恶性费用四类。

环境治理费用是单位治理已经存在的环境影响而发生的支出，可分为单位因治理环境花费的材料费用、绿化、清洁费用、环保设备折旧费以及由于购入环保材料而支付的额外费用。

环境预防费用是单位为防止环境污染支付的预防性支出，环境预防费用可以分为环保贷款利息、环境机构业务经费、环境部门人员工资及福利、员工环境教育成本、社会环保活动开支等环境负担费用则是单位理应承担的环境保护责任支出，可分为排污费、与环境有关的税金支出、其他环境费用等。

环境恶性费用是由于单位环境治理不力而导致的负面性的开支，可分为环境事故罚款及赔偿、环保案件诉讼费。

（三）会计报表附注

在报表附注中披露以下报表项目中不能反映的非财务信息单位环境会计所采用的具体目标和特定会计政策，如单位环境状况及环境目标完成情况简介、环境资产的计价与摊销政策，环境利润的确认政策等单位面临的环保风险，主要包括国家环保政策的可能变动、上市公司所处行业的环保情况及未来发展趋势分析等环境法规执行情况，可分为依据的环境法律、法规内容及标准以及执行的成绩和未能执行的原因等主要污染物排放量、消耗和污染的环境资源情况所在环境的资源质量情况、单位本期或未来的环保投入情况、治理环境污染或采取环保措施而获得的经济效益和社会效益环境事故造成的影响及处理情况、单位内部环保制度、机构设置，环保技术研发、环保培训、环保活动等开展情况，环境会计变更事项主要包括环境会计方法的变更、报告主体的改变、会计估计的改变等。

环境会计所研究的末端治理模式的特征是先污染后治理，或者是边污染边治理。它把环境污染看作是生产中不可避免的部分。在末端治理范式下，自然资本成为被开发的对象，在生产中处于被动的和受忽视的地位。自然环境和自然资源的价值被人为地降低，很少被维护，以至于被破坏，这是环境会计研究所不能解决的难题。

第三节　经济学成本与会计学成本比较

成本作为一个基本的经济学范畴，不仅在经济学中，而且在会计学中都具有十分重要的理论价值和实践意义。本节从它们的定义出发，从三个方面比较二者的不同，提出用发展的眼光看待这两种成本理论，从基础理论的角度进行分析研究，以期为学习和研究西方经济学成本理论者提供借鉴。

一、会计学中的成本定义

美国会计学会对成本的定义是：为了达到特定目的而发生或未发生的价值牺牲，它可用货币单位加以衡量。会计学中对成本的定义是：特定的会计主体为了达到一定目的而发生的可以用货币计量的代价。《成本管理》中对成本下的定义是：为了达到某一种特定目的而耗用或放弃的资源。从以上定义看出，会计成本是单位在生产经营过程中发生的各项费用支出总和，主要包括工资、原材料、动力、运输等所支付的费用，以及固定资产折旧和借入资本所支付的利息等。

会计学上的成本具有以下特点：①围绕单位生产过程进行研究，重点研究生产成本，不涉及单位与外界和单位内部组织之间的费用；②只关心实际发生的成本，不关心未来的产出；③能够以货币加以计量，只核算可以用货币直接反映出来的成本，不包括应计入而不能以货币直接反映出来的成本；④只计量实物资本成本，不计量其他成本。

二、经济学中的成本定义

随着经济理论的发展，西方经济学中对成本的研究很多，人们不仅研究发生在单位生产过程中的成本，同时也研究生产过程前后发生的成本，还研究单位与单位之间、单位与社会之间以及单位内部组织之间发生的成本费用。我们着重研究生产成本、机会成本、边际成本和交易成本。

（一）生产成本

由于生产过程本身是一个投入产出的过程，因此，在生产过程中所投入的生产要素的价格就是生产成本。经济学中关于单位生产成本的分析一般具有如下基本内容：

1. 短期成本

在短期内，由于固定投入保持不变或变动性小，增加产量主要依靠增加可变投入数量。短期成本（TC）主要包括固定成本（TFC）和可变成本（TVC）两部分，前者不随产量的变化而变化，后者随产量变化而变化，呈现递减、不变、递增的态势。短期成本有两个重要概念：平均成本（AC）和边际成本（MC）。平均成本又可分为平均固定成本（AFC）、平均可变成本（AVC）和平均总成本（AC）。平均固定成本随产量增加而递减，平均可变成本、平均总成本、边际成本随产量的增加而经历递减、最小、递增三个阶段[1]。

2. 长期成本

长期成本是生产者在可以调整所有的生产要素数量的情况下，进行生产所花费的成本。在长期中，单位可以根据它所要达到的产量来调整

[1]　荆新，王化成．财务管理学 [M]．7 版．北京：中国人民大学出版社，2015.

生产规模，从而始终处于最低平均成本状态，所以长期平均成本（LAC）曲线就由无数条短期平均成本曲线的最低点集合而成，即长期平均成本曲线就是短期平均成本曲线的包络线，单位可根据长期成本曲线来做出生产规划。

（二）机会成本

机会成本是经济学中的一个重要概念，在经济学中被定义为"从事某种选择所必须放弃的最有价值的其他选择"。机会成本不是指实际的支出，而是对资源的合理配置和有效利用的一种度量，对放弃效益的评价，表达了稀缺与选择之间的基本关系。机会成本主要的特征是：不关心过去已经发生的成本，而是关心未来的产出，它不是对历史的反映，而是对未来活动结果的预见。机会成本有助于决策者全面考虑各种方案，为有限的资源寻求最为有利的使用途径。

（三）边际成本

边际成本是指由于单位产量每增加一单位所增加的成本费用。它可以通过总成本增量和总产量增量之比表示出来：$MC=\mathrm{d}(TC)/\mathrm{d}Q$。从概念得知，边际成本是可变成本增加所引起的，而单位可变成本又存在着先减后增的变化规律，因此，边际成本（MC）也必然是一条先降后升的U形曲线。

边际成本是选择成本时要考虑的关键因素。单位的规模不是越大越好，一旦超出规模经济范围，成本反而会增加。因此，单位要利用边际成本分析法，综合考虑边际成本和规模收益情况。

（四）交易成本

西方学者对交易成本定义众多。科斯认为，交易费用是获得准确的市场信息所需支付的费用以及谈判和经常性契约的费用。张五常认为，交易成本可以看作是一系列制度成本，主要包括信息成本、监督管理的成本和制度结构变化的成本。威廉姆森认为，交易费用可分为事前和事后两种，事前交易成本是指起草谈判的成本；事后交易成本指交易已经发生之后的成本，如退出某种契约的成本、改变价格的成本、续约的成本等。

交易成本具有以下几个特点：①交易成本是发生在处于一定社会关系之中人与人之间的，离开了人们之间的社会关系，交易活动不可能发生，交易成本也就不可能存在，即交易的社会性；②交易成本不直接发生在物质生产领域，即交易成本不等于生产成本；③在社会中一切经济活动成本除生产成本之外的资源耗费都是交易成本。

三、会计学成本与经济学成本比较

（1）会计学中的成本是基于会计假设计算的，经济学中的成本概念突破了会计假设。1922年佩顿所著的《会计理论》一书中首次提出会计假设，会计学有四个基本会计假设：会计主体假设、持续经营假设、会计分期假设及货币计量假设，这些假设是从事会计工作、研究会计问题的前提。根据会计主体假设，借入资本的利息是计入会计成本的，但权益成本是不能计入的，个体私营业主的工资收入都不能计入成本，而经济学成本是包括这些的。持续经营假设和会计分期是单位计提折旧的理论依据，资本性支出在不同的会计期间分担，体现权责对等，均衡利润和税负，但经济学成本只考虑现金的流出，即便是资本性支出也一次性计入成本。另外，会计只计入能用货币计量的成本，经济学则将其他的经济量也作为成本。

（2）会计学成本重点研究生产成本，记录过去的交易，而且特别重视进行客观的叙述。相比之下，经济学家通常比会计学家具有更开宽的眼界，他们注意对经济活动的分析，除了研究生产成本还研究其他各种成本。在西方经济学中生产成本概念已经比较成熟，其理论也被广泛地运用在会计学上。

（3）会计学成本与机会成本。会计学家的工作是关注记录流入和流出单位的货币。他们衡量单位实际发生的成本，但却忽略了部分机会成本。与此相比，经济学家关心单位如何做出生产和定价决策，因此，当他们在衡量成本时就包含了所有机会成本。在会计学中引入机会成本的概念，有助于使传统会计在现有以核算为主的基础上加强参与决策，实施适时控制和开展经济分析等功能。

（4）会计学成本与交易成本。传统会计学成本重点研究生产成本，但在社会中，一切经济活动除生产成本之外的资源耗费都是交易成本，只要存在人与人之间的交易，就存在交易成本。根据交易成本相关理论，单位不仅与人力资本的提供者（雇员、经理）、实物资本的提供者（股东、债权人等）缔约，也与原料供应者、产品购买者缔约，还与政府缔约政府管制契约，与社会缔结有关社会责任的契约，故形成了人力资本成本、信息成本、政治成本、社会成本等一系列成本范畴，这些成本范围随着各种条件的成熟，最终会进入会计成本的研究范围。

四、用发展的眼光看两种成本理论

从社会经济发展趋势看，传统经济学的完全信息假定、完全市场假定等逐渐被现代经济理论更接近实际的假设条件所取代，从而使得现代经济理论的针对性、可操作性更强，这是经济理论不断创新、不断进步的表现，同时也满足了经济活动的参与者对具有现实指导意义的理论的要求。为了适应这一潮流，传统成本的理论也必将随着经济理论的发展而不断丰富，新的成本范畴还会不断产生，现有的成本范畴也将会不断被赋予新的内容。在可以预见的将来，诸如交易成本、代理成本等范畴都应该逐步实现规范化，获得各个学派比较统一的解释，以利于进一步系统深入地研究与解释，真正构成现代经济学大厦的有机组成部分；而那些仍处于初步探讨中的如政治成本、转化成本、社会成本等成本范畴，将逐渐为人们所熟悉，并最终被纳入会计学的计量研究中。

会计从来是服从和适应于社会经济发展的。经济运行的状态决定着会计运行的方向。传统会计学成本是适应于传统工业经济，在新的经济下，要求会计模式也要进行相应变革，而经济理论恰恰为会计理论提供了理论依据和指导。通过会计学与经济学成本之间的比较，我们可以看出会计学成本的发展方向，从中可窥见会计未来的发展趋势。

（1）传统会计成本正从单纯计量过去信息，正向能动地运用信息参与决策，提供未来信息的方向发展，即由静态向动态，由计量过去到计量未来。

（2）会计成本由重视单位内部成本向重视内部成本与外部成本并重发展。

（3）由于现代经济学成本概念计量的高难性和综合性，会计成本的计量也由简单的加减向综合化和数字化方向发展。

（4）会计成本由以货币计量为主向采用多种综合计时手段并存的阶段发展，如在美国，一般大型单位都在其年度报告中附有简要的社会责任履行和环境保护情况的说明。

第四节　经济学视域下的会计学

随着我国经济水平的不断提升，各行各业都取得了持续有效的发展，在这种大环境下，可以说，会计工作是支撑单位发展的主要原动力，因此，会计学分析就显得尤为的重要。为此相关的研究学者已经将研究重心放到了经济学视域下的会计学分析上，并且已经取得了初步的成果。准确有效的分析会计学，不仅可以提升单位财务工作的效率，还可以为单位控制成本的工作提供极大的便捷帮助。本节就经济学视域下的会计学分析做了简要的分析，目的在于提升人们对会计学的认知度，进而提升会计的工作效率，推动单位的发展进程。

一、会计学概述

会计学是一种能够将会计工作本质、变化规律以及体系构造直观地呈现给相关学者的知识体系，会计学相较于其他的学科有着本质上的区别，其本身具有许多独有的特征，这些特征主要表现在以下几个方面：

第一，体系化特征，会计学经历了数个发展阶段，就目前来看，会计学已经有多个各分支学科转变为一个总体学科。在经济学视域下进行跨级学分析，就是将各个分支学科进行有效的串联，经各个种类的会计学的特征，功能以及发展方向进行有效的整合。第二，指导性特征，经济学视域下的会计学分析，主要强调的是对于会计工作的变化规律、发展趋势以及会计工作需求的研究，而其得出的结果是各界会计工作人员的重要参考依据，其分析结果的准确性直接影响着会计工作质量的高低。

二、经济学视域下会计学分析的意义

就目前来看，我国的社会经济正在稳步提升，在这种大环境下，社会经济在发展的同时对于会计工作也提出了更高的要求。为了能够使会计学能够适应我国各大单位的发展进程，必须要在经济学视域下准确有效地进行会计学分析。经济学视域下的会计学分析的意义主要体现在以下三个方面：第一，在经济学视域下进行会计学分析可以完善会计学的相关理论。我国的会计学理论要想适应我国不断发展的经济体制，就需要不断地进行革新，而在经济学视域下进行会计学分析，可以很好地满足这一社会经济发展需求，从本质上来讲，经济学视域与会计学是两种不同的学科，但是两者之间具有较强的联系性，从而在经济学视域下进行会计学分析是将两者进行有机融合的分析方式，这样一方面可以分析出我国会计学的发展过程，还可以极大地完善我国的会计学理论，为社会经济体制的发展提供重要的参考依据；第二，在经济学视域下进行会计学分析可以极大地扩宽研究范围，同时也能够增强会计学的实效性及实用性。经济学视域下的会计学分析并不仅局限于会计学本身的研究，它还是对经济学的研究，如果只是对会计学进行分析，就相当于"闭门造车"不仅不能达到预期的效果，甚至所研究出来的结果与实际结果会产生较大的误差。在经济学视域下进行会计学的研究，可以很好地将经济学的优势与会计学的优势进行有机融合，从而形成一种新型且实用的会计学理论；第三，为会计学的体系改革提供便捷的帮助，在经济学视域下进行会计学的研究是对比分析法的重要表现，它是对两者的分析对象，分析方式、理论基础进行对比、最终目的是探究经济学发展的新道路，推动经济学的发展进程。

三、经济学视域下的会计学分析

（一）经济学视域研究

就我国经济学而言，我国的相关研究学者在实际研究的过程当中主要强调三点：第一，各种商业机构所制造的产品以及劳动力与单位之间的关系劳务关系；第二，运用何种方式来进行生产制造，制造出哪种符合单位发展的产品以及业务，以及如何进行资源配置。第三，商业关系；围绕着这三点来进行性相关的研究分析，可以极大地提升分析结果的准确性，时效性以及实用性。从宏观的角度来讲，在经济学视域下的会计学分析主要就是研究经济市场当中的劳动产出，就业情况，产品以及业务的价值，对外贸易情况这四个点。从本质上来讲这四方面的研究就是财政政策以及收入政策的研究统计。而准确有效的分析出这几点的实际情况可以使我国会计市场当中的总供给以及总需求得到平衡，同时也能够为会计工作提供极大的便捷帮助，进而提升会计的工作效率，使会计工作发挥出应有的作用。据研究表明，会计学分析的内容较为复杂，所涵盖的知识点也较为烦琐。

（二）国内外会计学分析之间的关系与发展探究

就目前来看，我国的会计学分析经历了数个发展阶段，在每一个发展阶段会计学所呈现的结果都有着本质上的差别。由于所研究的方向以及内容各不相同，会计学在研究过程中所遇到的问题以及研究方式、研究结果也各不相同，但是最终目的都是提升我国会计学研究成果的实效性以及实用性。从实际的角度出发，现阶段，我国在经济学视域下的会计学分析正处于起步阶段，其中存在着许多问题，为了能够准确地进行会计学分析，实现既定目标，我国相关研究学者必须要借助一些发达国家对于会计学分析的经验，并结合本国的实际情况以及会计发展走向，制定出科学合理的分析措施，找到分析工作的切入点，并及时着手进行分析工作。这样不仅可以准确有效地分析出具有实效性以及实用性的跨级理论，同时对于我国会计学的发展也有着重大的意义。

综上所述，在经济学视域下进行会计学分析，对于会计学的发展有着重要的推动作用，而会计学得到了持续有效的发展，我国各个领域的会计工作质量也会得到相应的提升，进而推动我国整体经济的发展进程。为了能够准确有效地完成经济学视域下的会计学分析工作，相关的研究学者必须要将工作重心放到经济学与会计学关系的研究上，结合时代背景以及会计工作的发展需求，制定出科学合理的分析方式，进而提高会计理论的时效性及实用性。

第五节　产权理论与会计学

单位的产权分离是会计学研究的一个新方向，是产权理论与会计学的有机结合。产权的本质是对稀缺资源的产权问题研究，一些经济学问题都可以通过产权理论框架进行分析。单位提供会计信息是一个必然的事实，单位进行会计信息披露的本质原因在于财产所有权。从产权理论思路出发，能够对会计产生和发展有更深入的了解。

一、产权理论的相关概念

产权经济学即产权理论，是 20 世纪 60 年代以后流行于西方的新制度经济秩序运行中的交易费用如何对社会资源配置产生影响和制约的问题。经济秩序包括单位制度、市场机制和政府干预。产权理论是会计研究的起点，产权关系决定着会计确认、计量方式、记录难度和报告程度，而社会中一次次的产权变革便促进了会计的产生、发展和完善。

从产权理论提出中国过度会计学的观点，即从产权理论角度分析会计本质、起点和发展，总结了产权与会计关系方面相关观点；从产权和博弈等角度对会计监督、审计等现实问题做出实务性研究。将产权经济学和会计学的理论方法结合起来，以会计学基本理论为对象进行分析，开创了产权制度与会计制度比较研究新领域，对于社会分工和社会生活高度复杂的现代社会市场经济来说具有非常重要的意义。

二、产权理论与中国会计学的关系

产权理论是会计研究的起点，产权关系决定着会计确认、计量方式、记录难度和报告程度，而社会中一次次的产权变革便促进会计产生、发展和完善。因此，产权理论对会计的影响也逐渐明晰，可将其分为三个方面：①会计反应和控制产权交易行为，从产权理论角度上来讲，社会上的一切经济活动都是产权交易；②会计准则的制定与产权密切相关，维护与保护产权所有者的利益是会计法律制度建立的出发点；③产权的特征决定会计的发展方向，各个产权所有者在为利益进行博弈，因此，会计满足各个产权所有者所必需的信息[①]。

从理论上来讲，产权理论是经济学理论的基石；从实践上来看，产权明晰是市场经济能够有效开展的前提条件。结合产权、制度和博弈等理论可以研究我国会计制度从计划经济向市场经济过渡的问题和一般规律。运用均衡分析、交易费用分析、代理理论和契约理论相结合的方法，强调会计制度变迁是一个演进过程，在具有中国特色及贫困理论和方法的基础上让所有当事人去博弈和探索，才能解决中国会计发展问题。而我们要从根本上解决会计发展问题，还必须依赖于国有单位产权制度的变革和创新，这不仅仅是会计改革，也是产权与会计的融合。

三、产权理论与会计学结合的现实意义

从会计产生与发展的动因、职能、对象、目标、假设和会计制度等方面，深化了我对会计基本理论的认识。以往学习会计假设是在已经存在的单

---

① 王伯庆 .2011 年中国大学生就业报告 [M]. 北京 : 社会科学文献出版社，2011.

位会计制度的基础上，运用产权理论的基本原理是从动态地看待产权和会计的关系。会计研究对象是单位资金运动，产权理论丰富了这个观点。资金运动作为会计研究对象比较抽象，却反映了单位某项资产产权及其变动，并且单位的会计确认、计量、记录和报告也是反映产权的变动。同时，产权理论中的交易费用观点解释单位的存在与规模，认为单位是一种契约关系的链接，其目的是节约交易费用，而会计是为了保护这些契约关系的有效完整和适当履行。因此，若把产权作为会计的研究对象不失为一个好办法。而单位的会计计量和报告经营活动，首先要明确单位是什么，对于单位的性质是经济学问题，也验证了把产权经济理论引入会计学是可行的。

把产权作为会计的研究对象也能够解决我国存在的一些现实问题。如政府经济职能和行政能力交叉重叠，就不可避免地导致了政府在对市场形势经济调控职能的同时会融入行政干预的色彩，使得市场不能作为媒介对社会资源进行有效合理的配置，会计行为顺从政府行政权力的强制和大财团的意图，出现了一些大国企的官员单位家现象。这些都是产权关系模糊导致的，书中更是一针见血地指出国有单位所有权约束弱化甚至缺席，导致会计核算与国有资产所有者的利益相矛盾。毫无疑问对于产权会计的创新和发展非常重要，只有明晰了产权界定，会计规范的运行和会计信息的生成才是有效的。产权理论和会计学的融合是一个动态过程，会计制度则是各产权主体博弈后达到纳什均衡后的产生的。随着我国市场经济的不断完善，作者提出让会计理论界作为会计制度博弈中的中介角色是非常好的建议。理论界通过政府授意和实务界的信息反馈得出综合意见来制定和修订会计法规，可以防止我国会计制度的纯政府模式和理论与实务脱节的危险，使会计制度达到纳什均衡的状态。

会计反映了同时代的产权关系和产权结构，会计改革也必然朝着产权改革的方向发展。会计学与经济学的结合有益于探索中国过度会计，归根结底是寻找事物发展具有普遍性规律的特点，也同时启发了我们看待事物从多角度究其本质，随着我国市场化，政府不断放权，会计制度的发展在产权博弈下必然达到纳什均衡，满足社会不断发展的需要。

第六节　"互联网 +"环境下会计学专业人才培养

近年来，随着互联网在我国市场经济实践中的不断应用，电子商务得到快速的发展，电子支付方式被广泛应用，这些都促进了会计内容的不断变化。本节研究了基础会计、财务会计、成本会计出现的新变化，为会计人才培养提出新的解决方案。

一、会计人才培养

人才培养是指对人才进行教育、培训的过程。会计人才培养是对会计人才培养训练的过程，现如今会计专业和其他专业的融合越来越明显，尤其是互联网专业界限更加模糊。也许在不久的将来，传统的会计工作将会消失，会计不再做"会计"，会计专业也变得不专业，社会需要"通才"。这给我们的会计教育带来了一个新的课题，那就是我们的大学要培养什么样的人才能适应这种变化？本节就互联网下会计人才培养专业进行讨论。

二、互联网对会计学基础理论的影响及人才培养对策

基础会计学主要教学目标是帮助初学者掌握基本理论、基本方法和基本操作技术。基本理论部分的核心是会计要素的概念、会计等式、账户、复式记账原理；基本方法和技术的核心是围绕会计凭证、会计账簿和会计报表展开的会计核算循环过程和基本方法。由于互联网技术兴起，实

体店、商场的销售部分被网络销售代替，其结算方式也由现金或银行结算变为支付宝、微信等电子支付方式，生产方式也由生产、储存、销售变成产销一体的协同生产，几乎不需库存，加上电子开票系统，电子报税系统广泛使用。所有这些变化对基础会计学教学内容产生了较大影响。主要会计影响如下：①会计主体影响，在传统会计环境下，会计人员大都由单位雇用，会计人员比较容易理解会计主体性，他们明白会计主体就是会计为之服务的对象。而在互联网下会计人员可以共享，代理记账，网络记账成为新的方式，在这种情况下会计主体观念较模糊；②货币计量有了新内涵，传统货币是固定充当一般等价物商品，它具有支付手段、储藏手段等四大职能，在互联网下，其支付手段发生较大变化；互联网金融兴起，也改变了金融成本；③会计分期发生变化，传统会计模式下，由于考虑会计工作量，在工作效率与经济效率之间进行平衡，一般是一月结一次账，而在互联网下，会计结账期可以变短；④会计账、证、表都发生变化，首先原始凭证变成网上原始凭证，入库单也是机制、支票等结算凭证是手制，有的没有；会计报表由网上报表，采用通用代码编辑；⑤没有平行登记，在传统会计环境下，为加强会计内部控制，会计工作分总账和明细账，由不同人同时登记，这样一方面进行内部监督，同时通过月末对账，能查出账簿登记问题，而在计算机处理账务情况下，没有总账与明细账平行登记。其内控主要通过凭证审核；⑥财产清查制度也发生变化，在互联网财产物资可以通过条形码技术将商品、材料扫描进采购、存货系统，自动生成相应凭证进行总账系统，月末自动盘存商品，也就是采用永续盘存制盘点，实地盘存制在传统会计模式下，平时材料、商品入库已根据相关凭证登记入账，但由于难以分辨同种商品不同成本而没入账，月末以存计销而形成一种财产清查制度。

由于互联网技术对会计学基础理论产生影响，因此应加大信息技术课程学习，同时开设互联网金融，电子商务、跨境电子商务、互联网课程，同时应学习数据采集、条码技术等。

三、互联网对财务会计影响及对策

目前财务会计主要按各项会计要素的确认、计量、记录和报告为主线开展的教学内容，在互联网环境下，财务会计处理业务和方法出现新变化，主要表现在以下方面。

（1）传统会计中存货计量方法主要有个别计价法、先进先出法、加权平均法，采用先进先出法要求存货按一定方法流转，要让存货流转与成本流转相一致，这样计算的成本才精确，这在互联网下没有必要，因为互联网下存货都是通过供应链系统进行管理，在 ERP 下供应链与财务系统就集成在一起。加权平均法是为了减轻会计人员工作量而采用的一种简易计算成本方法，这种方法计算结果不精确，所以在互联网下发出存货采用个别计价法更方便。由于电子商务的发展，网上销售占比越来越大，而网上销售可实现直销，商品由厂家直接发往消费者，这样网络营销单位销售会计核算业务也发生了相应变化。直销商品成本结转如下。

借：主营业务成本

    贷：在途物资

而传统销售成本结转

借：主营业务成本

    贷：库存商品

（2）互联网下财务会计的估计方法更科学、合理。财务会计课程中有许多会计估计方法，这些会计估计方法在传统会计模式下出于减轻会计人员工作量考虑，往往在实际工作中由单位根据实际选择一些节省工作量的简易方法，在核算时没有满足精确性要求。如坏账准备会计准则规定可以用应收账款百分比法和账龄分析法处理，在互联网时代，会计应收账款可以通过应收账款系统进行账龄自动管理，通过设置不同账龄下坏账比率，可自动计算坏账数额。持有至到期投资也可由计算机自动计算实际利率法下的投资收益。在传统会计下，固定资产折旧为了减轻会计人员工作量，往往以本月月初固定资产原值乘固定资产分类折旧率来计算，而不是采用使用年限法、双倍余额递减法、年数总和法、工作量法计算折旧。而在互联网环境下会计折旧则采用使用年限法、双倍余额递减法、年数总和法、工作量法，这样可使会计折旧计算更准确[①]。

（3）互联网对财务会计报表的影响。为推动单位会计信息标准化建设，财政部于2010年发布《财政部关于发布单位会计准则通用分类标准的通知》，将可扩展商业报告语言（XBRL）技术规范系统应用到会计工作中，于是产生了会计报表元数据概念，元数据是关于数据的数据（data about data），它是一种广泛存在的现象，在许多领域有其具体的定义和应用。元数据是描述其他数据的数据，或者说是用于提供某种资源的有关信息的结构数据，是描述信息资源或数据资源等对象属性的数据。

在互联网背景下，网络销售新业态出现，各种网络居间单位出现，会计导致新的会计核算方法和业务出现，当机器人销售出现后会出现会

---

① 陈丽君.面向中小企业的高职《财务管理》课程项目化教学设计研究[J].工商，2014，2（3）:351-352.

计业自动化。因而，会计人才培养应反映这种变化，会计人才应知道有关商业智能相关知识，应对网络直销知识有相当的了解，并对跨境电商软件使用有所了解，如速卖通使用。同时还应学习网上报税和网上通关知识。结合互联网对会计报表的影响，应对会计人才开设元数据相关知识讲座，开设大数据分析课程、并对数据采集技术、射频技术进行讲解。

四、互联网对成本会计的影响及对策

（一）在互联网下传统成本核算日益简单化和自动化

在传统成本会计中，我们进行成本核算主要有三种方法，品种法、分步法，它又分逐步分项结转分步法、逐步综合结转分步法、平行结转分步法，在互联网下可只保留品种法和逐步结转分步法，逐步综合结转分步法、平行结转分步法在网络环境下没有必要，在传统成本会计下货物与成本不同时结转情况，在网络环境下不会出现，同时约当产量法计算不准确，可改成工序作业成本法，这样计算结果更准确。

（二）互联网下作业成本成为新宠

作业成本法（Activity-Based Costing，简称 ABC）是一种以作业为基础的成本核算制度和成本管理系统。作业成本法以成本对象（产品、服务、客户等）消耗作业，作业消耗资源为理论原则，以作业为中介，确定成本动因，把资源成本归集到作业上，再把作业成本归集到相应的成本对象上，从而摆脱了传统成本核算无法分配复杂而高额的间接费用和辅助费用的困境，使间接费用和辅助费用分配得更为合理，以便及时、准确、真实地计算出成本对象的真实成本。

动因是指决定成本发生的那些重要的活动或事项。它可以是一个事项、一项活动或作业。作业成本动因可分为三类：执行动因、（均衡）数量动因和强度动因。

在互联网背景下，加强作业成本学习，将作业成本与供应链结合起来。通过工序、节拍引入，分析工序、节拍成本变化动因进行明细科目设置，通过 ERP 软件核算各种动因成本和工序成本，最后在成本分析模块中进行作业成本分析，为降低成本提供决策依据。

加强 ERP 会计软件和 SAP 会计软件应用，将上述会计与互联网新技术相结合，通过 ERP、SAP 会计软件学习，学生对互联网下会计理论、实践变化有更深层次的理解。

第六章　会计发展的创新

第一节　大数据时代会计的发展

　　数字经济时代的来临，对企业会计发展提出了新的要求，本节针对大数据时代会计环境的变化，对会计发展的影响及挑战进行了阐述，并对会计发展提出了建议。

　　数字经济时代已经来临，数字经济将人类从工业时代带入了信息时代，引领了财务和会计的变革。对于企业来说，既是机遇也是挑战。2017年，数字经济首次写入我国政府工作报告。报告中指出，要推动"互联网＋"深入发展，促进数字经济加快成长，让企业广泛受益，让群众普遍受惠。

一、云会计环境

　　云计算作为继互联网之后一项值得全球期待的技术革命，它的低成本解决了海量信息处理的魅力，已经逐渐被各行业所接受，正在积极影响着各领域。会计领域也不例外。云会计环境和传统的信息化环境不同，企业在云会计环境下不再需要花费巨大的人、财、物购买软件和服务器，只要根据自己的需要向云会计供应商订购自己需要的服务就可以在线使用。在云会计环境下，企业的经济活动处理都在云端集成，企业可以根据自己的需要通过互联网获取云会计的服务。并且当会计准则发生变化时，企业可以及时采用新的会计处理方法，与会计准则保持一致。在云会计环境下，企业可以根据自己企业的业务特点，制定适合自己的会计信息系统，通过云端，为异地办公的会计人员随时随地处理账务，企业相关管理人员也可以实时查看企业的财务数据、监控财务状况和经营成果，并且对降低成本、提高效率、解决财务共享难度大等问题起到了积极的作用。

二、大数据时代对财会人员提出了新的要求

会计电算化的兴起，使得会计人员从手工做账过渡到了在计算机上进行会计处理，但是在会计电算化中毕竟实施的是人，所以会计信息质量不可避免地会受到会计人员水平的影响。以往的会计舞弊案的发生，使得人们对会计信息的可信性提出了质疑，会计职业道德的缺失是起因，这也引起了学术界的普遍关注。

大数据时代，云会计环境下，会计信息的搜集、处理及会计工作流程都发生了变化，这对会计人员的职业道德等提出了新的规范和要求。在云会计环境下，会计人员将时空分离的从事会计工作，这对会计人员的职业操守提出了更高的要求。它要求会计人员要具备更强的职业责任，更严的职业纪律，加强协同服务，提高保密意识。这对会计人员提供的会计信息质量有着直接的影响。大数据时代，要求会计人员要积极适应转型升级。而观念的改变是第一要务，工作方式的改变是重点。数字经济时代的新型财务人员不仅要懂业务、敢创新，还需要具有多样化的数

字技能和业务技能。

三、大数据时代对会计数据的影响

随着大数据时代的到来，决策不再凭经验和直觉，而是基于数据的分析和优化。如何将企业的经济业务数据与会计、财务及资本市场数据结合起来，提高会计信息质量，建立经营业绩和公司财务绩效的相关性和因果关系对企业的经营决策具有深远的意义。

会计数据是对计事项的各种未曾加工的数字、字母与特殊符号的集合。在我国，各个行业实施的会计准则一般不同，企业业务类型的多元化不可避免地产生多样化的会计数据。企业往往会因为所处生命周期阶段的不同而采取不同的企业行为，尤其是创新和融资行为，这些行为的差异往往会产生差异化的会计数据。会计信息质量的优劣很大程度上依赖于 AIS 处理的原始会计数据的质量特征。企业的购销存等一系列经济活动都会产生大量的数据，各个企业在不同时期，或在母子公司之间的不同业务中，都会根据自身的业务流程调整自己的实施战略，这样传统的数据处理就无法满足及时性要求，在大数据时代，经济活动的处理方式集中在云端，企业可以随时根据自己的需要灵活地选择相应的服务。

四、大数据时代面临的挑战

相关法律法规的滞后。大数据时代，让企业利用共享会计还需要一个适应过程，企业已经习惯聘用固定会计人员模式，而共享会计是基于互联网的一种新型模式，还没有相应的法律法规，所以共享会计将面临一段时间没有法律法规约束的情况。

大数据来源的挑战。大数据时代，互联网上的任何一种资源都可能成为其来源方式，而大数据时代信息处理是通过特定的程序加工出来的，结论可能更客观，但是这也过分地依赖数据的可靠性，如果数据提供者一旦弄虚作假，带来的负面影响是不可估量的。

客户认可度的挑战。对于大数据，一些企业及会计人员还未完接受，甚至排斥，不知云计算为何物，不知互联网能给企业带来什么经济利益，这使得大数据的推广受到阻碍。对于云会计的使用推广，改变现有的传统观念以及现有的会计信息系统是一个很艰难的过程。

网络传输的挑战。对于云会计，是基于互联网的数据传输，这对网络传输环境提出了挑战。网络满负荷，网络延迟等都是因为大量的数据传输造成的，超负荷的数据传输成为会计信息化的一个瓶颈。

会计信息安全难保障。大数据时代，会计工作依赖于互联网，通过互联网收集数据和信息，然后经过一定的流程进行处理。首先，大量的会计数据，对保存载体就提出了挑战；其次，会计信息系统与网络充分衔接，利用数据之间的关系，生成准确的、完整的会计信息。这些对企业软件、硬件及数据平台都提出了更高的要求。大数据依托于网络，既带来了便利，同时也面临着会计信息容易泄漏、信息安全难以得到保障的问题。

内部控制制度缺乏。作为新兴出现的事物，传统的会计模式和大数据时代下的会计肯定有很大区别，内部控制制度也不同。传统的会计机构、会计岗位职责、会计工作流程等比较刻板，需要进行变革，但是针对新的互联网下的内部控制制度还未成形，无法进行内部控制。

五、大数据时代下会计发展的建议

加快会计信息化资源共享平台的自主建设。在各个领域的技术更新以及技术研发过程中，资源共享平台的建立都是其中的一个关键环节，同时也是规范化发展的重要举措。资源共享平台的建立可以迅速实现信息资源之间的交流、资源的互补、问题的解决，充分发挥集体智慧的作用，最终达到更加专业化、稳定化的应用。在会计信息化发展过程中，资源共享平台的建立提高了会计信息化发展速度，同时是会计信息化过程中数据处理速度提高和资源搜索困难降低的有效办法。所以，需要国家和政府投入资金和相应的政策支持，鼓励会计信息化发展企业的共享平台建立。同时，资源共享平台也是企业资金流通、企业之间信息交流以及企业之间物流协作效率提高的重要手段。通过会计信息化资源共享平台的自主建设，进一步确保企业的信息建设一体化程度提高，从而提升企业的会计领域决策信息可靠度。

企业转变传统观念。首先，企业管理者的观念和认识需要改变，有了明确的行动方向，才能更好地规划会计发展领域和实践的发展。而我国目前很多的会计从业人员对大数据下的会计理念认识不到位，认为就是会计信息化等同于会计计算效率的提高，没有从理论发展的高度对云会计进行正确的认识。并且，很多中小企业的经营管理人员，思想老旧保守，对信息化建设和技术的应用不够重视，资金投入不足，不能从企业长远发展的角度进行目标的制定。

提高会计工作人员的综合素质。大数据时代，对会计人员的专业技术、信息技术和电子技术都提出了更高的要求，只有提高会计人员的综合素质才是会计信息化建设的关键。未来，要提高会计信息化进程，对会计人员的培养至关重要。

第二节　我国环境会计发展研究

环境会计是生态补偿机制建设的重要组成部分，为生态补偿标准和补偿资金的合理确定提供了理论支持，在生态补偿背景下，重构环境会计核算体系、改革和完善以生态补偿为主要核算内容的环境会计制度建设，是环境会计核算的重要内容，可以更好地促进我国环境会计向前发展。

自中共十八届三中全会提出实行生态补偿制度以来，生态补偿的理论研究和实践得到了长足的发展，对我国生态环境保护和生态补偿制度化建设产生了积极且深远的影响，同时也为我们研究环境会计提供了一个新的视角和机会。

环境会计作为生态补偿机制建设的重要组成部分，在生态补偿实践的背景下被赋予新的职能和使命。如何推动环境会计进一步发展，充分发挥其在经济社会发展中的作用，以提升社会经济发展质量，将成为政府相关决策部门和理论工作者的重要议题。本节从生态补偿的视角，尝试重构我国环境会计核算体系，进而完善以生态补偿为主要核算内容的环境会计制度建设，不仅可以促进环境会计的向前发展，还可以为我国经济社会的可持续发展提供理论支撑。

一、我国环境会计发展现状及存在的问题

（一）理论研究方面

近年来，生态环境治理作为国家治理体系现代化的重要组成部分，受到政府部门的高度重视，环境会计也随之兴起和不断发展，对环境会计的研究，受到了学术界和政府的高度关注，国内学者围绕环境会计展开了大量的研究工作。通过查阅和分析文献可以发现，环境会计的研究主要集中在以下几个方面：一是环境会计核算；二是环境会计信息披露；三是排放权交易会计；四是环境成本管理。虽然国内对环境会计研究起步较晚，但研究中出现了诸多亮点，例如韩彬等以低碳经济为视角，从会计目标、核算主体、会计要素等七个方面对环境会计核算体系进行了构建，同时提出了发展我国环境会计核算体系的建议。冯巧根根据环境管理会计国际指南的相关准则，结合我国环境政策及相关的法律法规，通过 KD 企业环境成本管理，重新构建了一个适合我国国情的环境成本分析框架，为提高我国环境成本确认、计量以及优化环境成本管理提供了科学依据。袁广达在资源环境成本管理基础上分析了环境会计理论构成、属性和功能、与资源环境的关系、发展动力、发展方向以及基本规律，为环境污染控制的会计行为提供了较好的思路，同时也为未来环境会计学科的发展和学术的深入研究提供了良好的条件。耿建新借鉴了国际上相关的理论和实践经验，结合中国自身的森林资源管理的特点，提出了编制既要符合中国实际情况又要与国际相一致的中国森林资源平衡表体系。

上述内容在环境会计研究方面取得了丰硕的成果，但还存在一定的不足之处，主要表现在以下几个方面：第一，在研究内容上，理论研究较多而实务研究较少。对环境会计的研究主要集中于理论综述、制度建设和信息披露等方面，实务方面的研究较少，鲜有把中国现有的环境状况与企业具体实际情况相结合的应用研究，不利于环境会计的发展；第二，在研究视角上，重视微观层面的研究，轻宏观层面的研究。由于生态环境的特殊性，不同于传统会计，环境会计必须同时将宏观环境会计和微观环境会计的研究结合起来，同时进行系统的研究。但先行的对环境会计大多数理论研究表明微观环境会计研究较多，宏观环境会计研究不足。第三，在研究成果方面，高水平的、权威性和创新性的观点相对不足，引领性指导意见尚未出现。通过查阅和分析近十年的相关文献，相关普通期刊上的论文和学位论文数量较多，但在中文核心期刊、CSSCI 来源期刊上发表的论文占比较少，而且没有提升。这说明虽然环境会计的研究引起了众多学者们的关注，但高水平的研究成果相对不足。

（二）应用研究方面

环境会计信息披露体制机制不健全。由于我国环境会计起步较晚，相关法律法规体系不健全，尚未出台与环境会计信息披露相关的法律法规，对企业与环境会计有关信息披露要求比较笼统和空乏。从已有的披露环境信息的上市公司来看，大部分上市公司只有一般相关的指导性意见，披露的操作流程不明确。由于环境会计信息披露体制机制不健全，对相关企业破坏的环境行为缺乏约束，企业披露环境会计信息的主动性不强，自利性较强。从而会导致我国对企业环境会计信息披露的规范化管理带来阻力，不利于我国环境会计的进一步发展。

对环境会计有影响的制度因素和环境政策研究文献不多。从现有的环境会计研究文献来看，有关环境会计核算、环境会计信息披露的文献数量较多，但有关影响环境会计制度因素和环境政策方面的文献较少。相比国外在此方面的研究，存在一定的差距。主要原因如下：第一，我国的碳排放交易市场虽已启动，但尚未正式交易，缺乏交易的相关价格数据，从而导致对碳市场有效性及定量研究还相对落后；第二，我国对企业的环境绩效指标体系考核尚不完善，还未形成一个统一的标准，对研究环境绩效、环境经济政策及环境信息等造成阻碍；第三，在环境成本管理的应用方面，国内大部分研究集中在理论层面，缺乏对成本效益原则的具体应用研究，环境会计的作用和效果没有真正发挥出来。

二、环境会计与生态补偿的耦合关系

（一）生态补偿与环境会计互为补充、相互发展

一方面，在生态补偿实践中，环境会计可以为其提供理论支持，依据"谁保护、谁受益，谁污染、谁付费"的补偿原则。生态补偿既包括对生态环境保护者所获得效益的奖励或生态环境破坏者所造成损失的赔偿，同时也包括对环境污染者的收费，在生态补偿实践过程中，生态补偿费用的核算和量化是一个重要的内容，而环境会计的核算方法和理论为企业核算和量化提供了理论和技术支撑；另一方面，生态补偿反过来又推动环境会计不断地向前发展和完善。环境会计是基于环境问题而产生的，其目标是改善自然生态环境，提高社会总体效益，向社会和利益

相关者提供经济活动中环境信息，以评价生态环境质量，实现环境保护和社会协同发展，环境会计作为一门新兴的学科理论，发展尚不成熟，无论在理论还是在实践方面都面临许多急需解决的问题，而生态补偿机制的建立和完善，为环境会计的发展和进步提供了良好的实践经验，使环境会计理论在生态补偿实践中得到进一步检验，推动环境会计不断向前发展和完善。因此，生态补偿和环境会计相辅相成，共同推动经济社会向前发展。

（二）环境会计发展为生态补偿标准的合理确定提供了依据

推进生态补偿机制的顺利实施，就需要建立一个公平合理的补偿测算指标体系作为支撑，组织或个人对生态环境的破坏，生态系统价值的实现等均需要依据补偿指标体系进行评估，评估结果可以作为生态补偿标准合理确定的依据，而这个过程如果借助环境会计的核算方法，准确地量化相关标准和指标，就会对评估结果的实施效果起到更好的作用。当前，生态补偿标准的确定和量化是生态补偿机制中一个值得关注的问题，国内大量文献对生态补偿标准的量化进行了相关的研究，但尚未形成一个统一的、合理的方案。在生态补偿的实践环节中，引入环境会计的核算方法和理念，对生态补偿标准的合理确定会更为客观。因此，环境会计的不断发展和完善能够为生态系统的价值补偿和定价提供理论支持。

（三）环境会计的实施有助于生态补偿制度的建设与发展

实现经济社会可持续发展和保护生态环境双赢，生态补偿制度提供了必要的制度指引，建立和健全生态补偿制度，为生态服务价值的价格市场化提供制度导向。通过对生态保护者、生态破坏的受损者等相关利益者的直接和间接补偿是建立生态补偿机制的重要内容，同时也是实现生态系统服务价值功能的具体体现。而环境会计作为反映主体的环境信息和相关的环境投入等加工处理系统，是保护环境和实现社会进步的重要途径。随着人们对环境会计重视的不断加强及有效地实施环境会计，生态补偿机制必将得到进一步的发展和完善。

三、生态补偿视阈下我国环境会计发展策略

（一）加强以生态补偿为核算内容的环境会计制度建设

生态补偿是以经济为主要的手段来调节社会各利益主体之间利益关系的一种制度安排。它以保护生态环境为目的，推动社会可持续发展。有效地实施和推进生态补偿机制在明确生态环境损害主体的基础上，必须进一步量化生态自然资源。使自然资源的使用人进行经济活动时必须考虑破坏和损害生态环境的代价，从而将生态环境纳入产品成本中，使环境污染外部性内部化。环境会计的核算职能为生态自然资源的量化奠定了基础。把生态补偿纳入环境会计制度建设的内容，不仅可以充实环境会计核算的内容，而且为提高环境会计的会计信息质量、指导政府相关部门和环境决策者进行生态补偿机制的有效实施提供可靠的依据。一方面环境会计制度的建设和完善可以服务于生态补偿的实践工作，环境会计的发展反映了生态补偿的成果；另一方面把生态补偿纳入环境会计制度建设也可以充实环境会计的研究内容，同时为各利益相关者进行决策提供借鉴和参考。

（二）重构以会计核算和生态补偿机制相衔接的环境会计核算体系

生态补偿机制作为一种调节社会各主体利益关系的一种制度安排，其目的是保护生态自然环境，提升经济社会发展水平和质量，环境会计的目标是实现经济社会效益和环境效益的协调统一，两者都源于环境问题的不断凸显，所以两者的目标基本一致。传统的会计核算较少考虑环境问题带来的影响，不能如实地反映经济产出，随着环境问题的日益恶化，原有的会计核算已不能满足企业和社会的需要，而环境会计在传统会计的基础上，以利用生态环境资源为中心，对组织或企业有关的环境活动进行确认、计量、记录和报告，使报表的相关使用者做出正确的决策。生态补偿机制的补偿资金的支出、补偿标准的确定等必须进行合理的量化，会计核算是进行量化的重要工具，把环境问题纳入会计核算体系，对生态补偿有关的内容进行确定和核算，是重构环境会计核算体系的重要内容。例如，企业在生产经营活动过程中对生态环境造成的破坏和损失，应该由企业来补偿，通过环境会计核算后最终确定的金额可以作为补偿的基础。为此，重构环境会计核算体系，以会计核算为基础，纳入生态环境问题，与生态补偿机制相衔接，量化和确定生态补偿费用与金额，不仅可以为生态补偿机制的实施提供理论基础，同时可以促进环境会计的进一步发展。

（三）完善以环境会计为主要工具的生态补偿监管体制

近年来，在政府和相关部门的大力推动下，生态补偿工作实践取得了长足的进步，生态环境保护工作也取得了良好的效果，但是建立和完善生态补偿机制是一项长期而又复杂的工程，其中涉及生态补偿主体的界定、补偿标准的合理确定、生态补偿评价指标体系以及生态补偿收费制度和生态补偿公共制度的建设等方方面面，而生态补偿标准的确定和生态补偿评价指标体系的建立是其中的重点。因此，有必要改革和完善原有的生态补偿监管体制。环境会计作为生态补偿监管的量化工具，对加强生态补偿实施情况的跟踪和检查、补偿资金的使用情况和生态环保责任制的考核等起着重要的作用。完善环境会计为主要工具的生态补偿监管体制，需要各部门通力协作和统筹规划。一是在政府的主导下，加强各部门之间、部门和企业之间以及企业和学者之间的交流与合作；二是利用各种大数据平台和人工智能等，建立和完善环境会计信息和生态补偿监管平台和机制；三是借鉴国外一些成功的经验和做法，构建由政府主导，企事业单位和大众等多方积极参与的产学研推进体制。

第三节　新经济条件下会计发展

新经济与传统经济相比具有很多不同的特点，新经济的变化对会计也提出了多方面挑战。会计需要应势而变，新经济需要会计的更多参与。本节在回顾了新经济的特征、会计面临的困境和新经济对会计的期望之后，提出会计需要超越反映职能，服务于宏观经济、政治文明、道德文化和生态文明，以实现会计发展与社会进步的协同。

会计因经济社会发展的需要而产生，并伴随着人类社会历史进程的发展而不断发展。当今社会已由工业经济形态过渡到新经济形态，企业的内外部环境都发生了巨大变化，会计理论与实务均受到重大影响，甚至有人认为会计未来会走向消亡。会计学是一门职能学科，会计的职能是指会计在经济管理活动过程中所具有的功能。作为"过程的控制和观念总结"的会计学，具有核算和监督、预测经济前景、参与经济决策、评价经营业绩等职能，其中核算和监督是两项基本职能。在新经济条件下，会计将何去何从？实践需要理论探索与指导，会计的发展是适应性的。本节以新经济为前提，对会计发展与社会进步的协同加以研究。

一、新经济的特征

社会上占主导地位的产业决定了社会经济形态。"新经济"一词源于美国，最初是指 20 世纪 90 年代以来信息、生物、材料等新兴技术的飞速发展使得美国实际 GDP 和人均收入史无前例地长期强劲增长的现象。"新经济"不仅被理解为经济质量和结构的变化，同时还包括市场运行、社会运转、生产过程和产业组织等发生的巨大变化。发展至今，新经济具有了不同的内涵，人们普遍认为新经济主要是一种持续高增长、低通胀、科技进步快、经济效率高、全球配置资源的经济状态。我国经济在经历了多年的高速增长之后，依靠要素投入的"传统经济"逐渐淡化，依靠知识和技术投入的新经济勃然兴起。新经济的特征主要表现在以下方面。

（一）知识、信息成为经济发展的主导因素

在工业经济时代，资本一直是经济发展的主要驱动因素。资本的所有者出资组建公司，其也就顺理成章地成为公司的所有者，手中缺少资本的劳动者成为公司的雇员（包括管理者与员工）。在这样的劳资关系中，体现着资本支配劳动力的逻辑关系。由于当事人在财富创造中的作用相对较低，资本是财富的主要贡献要素，资金也就理所当然地成为会计核算的主要对象。因此，工业经济是资本驱动的经济。在新经济时代，资本和劳动力仍然是生产经营的必需要素，但是，经济发展的模式发生了变化，资本和劳动力之间的逻辑关系也相应地发生了新的变化。作为活劳动的人的作用显著增强，取代了过去长期占统治地位的资本，成为社会财富的最大贡献要素。资本不再是经济发展的决定性因素，知识、信息技术成为经济发展强劲的驱动力，经济社会实现了更高层次的发展。

（二）新经济模式是一种绿色的、先进的、可持续的发展模式

在传统经济条件下，自然资源相对充裕，人力资本相对廉价，加之知识与信息技术相对落后，企业粗放经营，经济难以按照科学的理念去

发展。经过多年的发展，人类创造出了巨大的财富，但付出的成本代价也是巨大的，比如生态环境的恶化、土地资源的浪费等。因此，传统经济一定会被更高级的可持续发展模式取代。在新经济条件下，社会发展方式、资源配置方式以及人们的思维方式和行为方式都会发生重大变化。

（三）社会精神文明程度的提升

在传统经济条件下，人们的物质生活不够丰富，也放松了对精神层面的高层次追求，有人为了追求物质利益而降低了道德水准，甚至道德沦丧。在新经济条件下，人们的物质生活已经达到较为富裕的程度，加之人们的文化水平较之前有了大幅度提升，人们不禁要去思考人生的意义和价值等高层次的人类终极问题。虽然物质财富是生活所必需，但精神层面的享受要远远高于物质层面的享受，精神享受才是人类最大的幸福。在新经济时代，人们精神文化层面的消费明显增长，物质层面的消费中也渗透着不同程度的文化内涵，文化的发展对于社会、组织和个人都有着十分重要的意义。精神文明层次的提升使经济呈现出高质量的发展态势，整个社会处于高质量的良性发展状态。

二、会计面临的困境

经济社会的变迁决定了会计的产生与发展方向。人类社会先后经历了自给自足的经济、物物交换的经济、简单的商品交换和发达的商品交换几种经济形态，在每一种经济形态中，会计都发挥着重要的促进作用。会计由"结绳记事，刻木计数"、由简单的会计实务发展为完整的会计学科体系，由单式记账发展到复式记账，表现出了强大的生命力。一方面，经济社会的发展需要会计做出相应的变革；另一方面，会计的变革反过来又会推动经济社会的进一步发展。会计总是在新时代来临之时重塑自身，去适应新时代的发展要求，与每个时代共同进步，在协助经济社会进步的同时也实现了自身的发展。由此可以看出，经济社会发展的过程也是会计变革的过程。在新经济条件下，会计面临的困境如下：

（一）会计的前提受到挑战

现代会计成形于近代工业社会，在会计要素、会计等式、会计循环、财务报告等方面，无不体现着工业社会的诉求，会计也的确为工业社会的发展、为人类文明做出了重大贡献。会计主体假设、货币计量假设、会计分期假设与持续经营假设的提出在工业社会具有高度的科学性，没有这四种假设，会计理论与实务将无法开展。然而，在新经济条件下，随着信息技术的广泛运用，这四种假设受到了重大冲击。虚拟企业的出现使得企业主体的可见性、稳定性不再明显，对会计主体假设形成冲击；虚拟货币的出现对货币计量假设形成冲击，况且企业经营中还出现了不能用货币计量却十分重要的事项，如客户资源；信息技术的发展打破了会计分期假设，人们随时随地都需要且能够得到财务信息；企业风险变大、不可知因素增多，用未来 12 个月内预计企业不会破产作为持续经营假设也变得过时。会计假设是会计存在及运行的前提，会计假设决定了会计核算的每一个方面。当前提受到冲击时，那么会计应该往哪里去？

（二）会计要素设置不科学，影响了会计信息的有用性

企业的经济管理活动是会计的核算对象。我国把会计核算对象进一步细分为六大会计要素，即资产、负债、所有者权益、收入、费用、利

润，会计要素分类反映了会计核算的广度。新经济条件下会计要素设置得不够科学，表现如下：首先，会计要素的定义表现出了一定的局限性，比如资产、负债、收入、利润的定义都是传统意义上的内涵，没有反映出新经济的发展要求，这种局限性影响了会计核算的准确性；其次，在企业的经营活动中出现了不能用货币表现的交易或事项，比如自创商誉、人力资源等，影响了会计核算的全面性；最后，会计核算对象的货币属性，降低了会计信息的有用性。在新经济条件下，社会经济发展的动力是信息与知识，是具有工作知识和能力的人，已不再是传统的资本，关于资金的会计信息所受到的关注度大大降低，而那些对企业发展有重要影响的信息，比如公司战略，却由于不能使用货币计量，而没有体现在财务报表中。

（三）会计局限于微观层面，影响了会计价值的进一步实现

会计是一个信息系统。自会计诞生之时就一直在为不同的管理者提供财务信息。会计的历史变革与经济发展密切相关，经济发展是会计变革的根本动因。会计的产生不只是为了服务于某一个企业，而是整个国家政治、经济、文化共同作用的结果。所以，会计的产生从一开始就属于宏观范畴，而不应隶属于微观层面。随着社会分工和经济发展模式的不断变化，会计理论、会计实务都发生了相应的变化，这种变化说明宏观的经济发展决定了对会计的需求；反过来，一旦会计理论与实务应经济发展之需而产生，就必然会通过政策工具效应、资源配置效应、交易费用效应等对经济发展产生不可替代的积极作用。然而，现实中会计系统被视为"决策有用"的定价系统或者作为一种普通的具有"噪音"的

业绩评价系统，企业的发展与治理并没有真正地反映在财务报告之中，这就导致了会计信息没有被充分利用，会计信息供给显得相对过剩，会计的职能也就不能得到真正发挥。

（四）会计视野局限于经济领域，没能反哺政治、文化

从总体来看，最初会计的诞生不是为了经济，而是具有非物质性目的。目前会计学科属于管理学，也曾被归类为经济学，足以见得人们把会计当作是经济管理的一部分，定性为属于经济管理学科。这也许是因为近代以来，世界各国都在追求经济的发展。事实上，经济生活仅仅是人们生活的一部分，除了经济生活以外，人们还有精神生活、文化生活。随着社会的进步，精神生活、文化生活的重要性最终会超过经济生活。政治对会计的影响主要体现在以下几方面：首先，政治影响经济环境，通过经济环境影响会计的发展与变化；其次，不同的政治模式，对会计的目标、职能等的要求不同；再次，不同的政治模式，人们的行为方式不同，也会影响到会计实务的具体操作。会计的目光应该超越经济，关注政治文明、文化建设。

三、新经济对会计的期望

党的十八届五中全会做出《中共中央关于全面深化改革若干重大问题的决定》，强调完善和发展中国特色社会主义制度，推进政治体制、经济体制、文化体制、社会体制、生态文明体制和党的建设制度等方面的改革，无疑会对我国经济的发展方向产生重大影响，同时也会对会计产生深刻影响。

（一）宏观经济调控需要会计参与

宏观经济调控是一个国家为了国民经济发展而制定的经济调节手段，在整个社会范围内实施对经济资源的配置。谈及宏观经济，人们往往会联想到经济发展的"三驾马车"，即消费、投资与出口。政府进行宏观调控的手段有利率、税率、汇率、存款准备金率等。这些宏观调控手段与工具的运用效果如何，则建立在会计信息的真实性与相关性基础上。经济发展正在由低水平向高质量转型，高质量的经济发展、高质量的经济决策，必然要有高质量的会计准则、会计信息做支撑。会计学中的基本理论问题与国际宏观经济以及"四个全面"战略布局政策之间的联系越来越紧密。目前，我国会计准则往往较多关注于国际趋同，而没有切实结合我国具体的经济、历史与文化的实际情况。另外，会计造假问题依然存在，会计信息质量也有待提高。我国调控经济依据的信息来源主要来自国家统计部门的 CPI（消费价格指数）、PPI（生产价格指数）、海关、税务系统以及企业提供的财务数据。会计是连接微观企业行为与宏观经济政策之间的纽带。

（二）政治文明提升需要会计支撑

经济基础决定上层建筑，而会计是经济管理的重要基础，除了对经济基础的天然作用，会计的发展对上层建筑也有积极影响。政治文明是人类发展过程中积累的政治成果的总和，政治文明需要优秀的会计来推动。会计是一系列的规则，也调节着政治的方方面面，会计信息质量特征对公众利益的调整具有强大的作用，会计监督客观上可以起到实现权力制衡、揭露腐败的作用。国家政治文明进程与会计的发展相辅相成，国家的政治制度结构影响着会计的需求与供给、影响着会计目标的确立、影响着会计的地位；反过来，会计的发展是政治文明建设的基础条件、是政治文明建设的重要动力，会计的国际化甚至可以倒逼一国的政治文明建设。

（三）社会文明的改善需要会计配合

诺思认为，制度环境是一个社会最基本的制度规则，是决定其他制度安排的基础性制度。从某种意义上来说，帕乔利所著的《簿记论》是文艺复兴的文化产物。会计准则的科学化涉及价值观、管理理念和文化。社会主义核心价值观的提出，更彰显了社会精神文明的重要性。目前国家强调的反腐倡廉、企业社会责任的承担、企业管理者的担当都是政治问题。近年来，国内外会计舞弊案件频繁发生，会计行业遭遇诚信危机，人们已经意识到不能仅从法规制度层面寻找会计行为异化的原因，还应该从道德文化等更本质的层面进行反思。会计信息的有效利用，可以有效地克服逆向选择和道德风险。因此，会计应跳出经济范畴，登上更广阔的历史舞台，以发挥更大的作用。

（四）生态文明建设需要会计同步

工业社会虽然给人类社会积累了财富，但也使生态环境付出了巨大的代价。在发展经济的过程中，人们为了获得足够的利润，总是在破坏自然生态环境，企业在生产过程中虽然获得了利润，却没有考虑对自然环境承担的责任，很多企业开山毁林、大量排放废水废气，导致环境不断恶化。随着新经济时代的到来，社会发展模式发生了新的变化。人们在获得财富的同时，也看到了保护环境的重要性。在这方面，会计准则应该承担自己的责任，这是生态文明建设对会计提出的挑战，同时也是会计未来发展的动力与方向，会计学界与业界应该认真对待这个问题。目前企业财务报告中的会计利润是多方面事项的综合，并没有真正反映企业的收入、成本与费用，特别是生态环境补偿问题。

四、会计职能拓展的领域

《会计改革与发展"十三五"规划纲要》确定了会计理论研究工作的目标，即"紧紧围绕社会发展和财政会计中心工作实际，深入开展会计学术研究和理论创新，加快建立具有中国特色、实现重大理论突破并彰显国际影响力的中国会计理论与方法体系。"在过去几年的研究中，会计理论研究凸显了"宏观"色彩，从微观视角研究并服务宏观经济管理，政府会计改革、会计促进政府治理问题相关研究取得了突破，会计为管理服务、会计促进新常态经济发展、会计助力生态文明建设迈出了重要步伐，环境资源会计基本理论、自然资源资产负债表的编制等相关研究初步达成共识。会计的发展要与社会进步相适应，满足环境的需求，相互促进。

（一）宏观经济

罗红等研究发现，我国上市公司汇总的会计盈余与未来 GDP 增长率呈显著正相关，我国上市公司披露的会计盈余信息具有明显的宏观预测价值，股权分置改革以及企业会计准则的国际趋同显著提高了会计信息质量，改善了会计信息的宏观预测价值。会计准则在制定过程中，应进一步关注宏观经济决策的需要，为宏观决策制定会计制度、设置报表项目。

会计计量与宏观经济问题非常值得深入研究，比如，投资问题、资产负债表问题、各类经济行为问题、宏观经济变化趋势问题等都取决于会计如何计量。在实际会计工作中，首先要保证会计信息的及时性、真实性、可比性，进一步提高会计信息质量；其次要不断地强化会计语言的通用性，扩大会计信息的公开披露程度，以有利于宏观经济决策；最后要进一步结合宏观经济发展的需要设置会计科目。

（二）政治文明

会计学家杨时展先生曾指出，"天下未乱计先乱，天下欲治计乃治"，由此可见，会计对于国家治理的重要性。会计准则的制定者应该具有高度的政治敏锐性，使会计准则服务于国家的政治文明建设，形成会计与政治的联动与耦合，促进经济社会发展。会计实务工作者也应具有高度的政治自觉性，在企业内部控制、会计政策选择、会计的估计与判断等方面，都要注重政治的平等、公正、法治，通过政治文明的不断改善，最终实现社会的长远发展目标。作为一系列契约的会计规章制度的制定，实际上是一个政治博弈的过程。权力寻租是导致腐败的最重要原因。应建立和完善政府会计与预算体系，建立健全政府财务报告制度和政府会计信息披露制度，加强政府部门内部控制，完善经济责任制度，完善相关准则和标准的制定模式。"阳光是最好的防腐剂"，建立完善政府绩效报告体系，打造透明政府，推进政府高效化建设。完善会计信息披露与公开制度，促进政治公开化。

（三）社会文化

长期以来，人们习惯于把会计看成是一个经济信息系统，然而，会计与文化一直是密切联系的。几千年以来，人类积累了丰富的文明，其中包括物质文明，也包括精神文明。会计是物质文明发展到一定程度的产物，同时，会计的产生也与文化有着密切的联系，不同的文化可以产生不同的会计。"盎格鲁—撒克逊"会计文化的稳健性就是会计受文化影响的一个很好的例证。同时，作为文化范畴的会计，也同样会对社会文化产生反作用。利特尔顿（A.C.Littleton）认为，把客观、诚信的价值观当做不懈的追求，必须对数字进行如实的分类、正确的浓缩和充分的报告。在新经济条件下，要全面创新会计理论，完善会计的财富计量功能，通过对社会财富公正允当的确认、计量、记录和报告，为社会财富的合理分配提供可靠的基础；完善会计方法，为社会财富的高效合理流动提供有效途径，发挥财富在经济社会中的作用；完善会计职业道德与会计文化建设，不断地提高人们的诚信意识、培养人们整体利益重于局部利益、长期利益高于当前利益的意识。人类社会的发展历史表明，文化是会计赖以生存和发展的环境，反过来，会计的发展对于推动社会文明建设也具有重要影响。在会计的发展过程中，要注重我国优秀传统文化在会计准则中的体现；在会计实务中，要注重优秀文化与会计实务的结合，注重会计从业人员文化涵养的不断提升。

（四）生态文明

由于资本的贪婪，加之人们认识的局限性，在经济发展的过程中，很多国家的发展都以牺牲环境为代价。企业为了追逐高额利润，大量消耗能源、矿山，排放废水废气，会计利润增加了，可人类生存的环境被破坏了。企业积累了财富，公众却因为环境的恶化，身心健康受到了很大危害。企业的这种做法与人们追求幸福生活的愿望背道而驰。美好的自然环境是人类千百年以来赖以生存的基础，同时也是人类为之奋斗的目标。为了促进生态文明建设，在制定会计准则的过程中，要将自然资源、环境保护纳入会计准则研究范围，注重环境会计的研究。在考虑保护自然环境的同时，重新定义资产与负债、费用与利润的内涵，使会计真实核算企业的费用，真实反映企业的利润。从会计制度设计、成本核算到利润的形成，都要注重生态文明建设。会计工作者也要在实务工作中认真贯彻绿色发展的理念。

会计是环境的产物，同时又反作用于环境。回顾历史，会计在人类文明进程中发挥了重要作用。在新经济条件下，会计环境发生了新的变化，这种变化是挑战也是机遇，会计未来的发展是摆在会计学界面前的新课题。总之，会计应顺应时代发展需要，服务于宏观经济、政治文明、社会文化和生态文明建设，将会计职能与社会需求有机结合，实现会计发展与社会进步的良性互动。

第四节　中国法务会计的发展

随着我国社会主义市场经济发展，法务会计开始被人们重视，对法务会计的研究也变得越来越重要，然而，国内相应研究较少，本节旨在帮助更多财会人员了解我国法务会计的现况与问题，引起行业内重视，促进我国法务会计的进一步发展。

一、法务会计的概述

（一）法务会计的含义

法务会计是在经济高速发展下，对职业种类进一步地细分，从业者需要同时具备法律、会计、审计的较高知识水平，为法律事项的当事人提供诉讼支持，在公检法提出要求专业援助时也能给出自己的专业判断，对经济犯罪等重大问题有着自己的职业敏感度，能提供相应审判证据。

（二）法务会计的目标

法务会计按照公共社会中的不同领域有各自不同的目标，因为本节探讨范围为中国，故以我国为主要分析主体，有如下几个领域：首先是企事业单位，其数量最多，规模最大，目标主要是在遵守我国法律、行政法规、规章的前提下，尽量和企事业单位的财务目标相同，使得企业财务健康稳定地发展；其次是以审计为主体的社会中介，尤其以世界四大会计师事务所和中国八大会计师事务所为翘楚（其法务会计业务量达到同行业的 99%），其主要目标是依据自己专业知识素养，对受托单位的全部财务资料依法进行合规性报告；最后是公检法等司法部门，其主要目标是服务于法律诉讼，提供公诉人需要的法律证据以及鉴证，从而判定法律相关责任。

二、中国法务会计的发展与问题

（一）中国法务会计发展现状

在我国，法务会计是在欧美国家法务会计业务成熟后传入的概念，起步较晚，在初期阶段的重视程度也不够，最近几年才开始对其加以重视，因而，导致了现今很多的状况发生，比如企事业单位、社会中介机构、公检法三者均应该有大量法务会计人员从事，但是因为我国的特殊国情，导致我国法务会计主要集中在社会中介机构，发展缓慢，知识传播效率低下，很多大众并不熟悉这个学科。而从业人员往往只是注册会计师，对法律相关的业务流程、程序并不是很了解；或者单为法律工作者，对经济业务各方面并不熟悉。

（二）中国法务会计发展问题分析

1. 理论体系发展不健全

就目前我国对法务会计理论的研究现状来看，研究人员还是在法务会计的框架、含义、方式、方法上进行概括总结，而且多是对外文的翻译与借鉴后形成的，对如具体方法的时间运用、数据分析以及对相关理论创新中国化方面并没有深入的研究，正是因为这样，认识无法正确指导实践发展，所以在法务会计服务过程中有很多问题无法解决，新型人才的培养也很困难。

2. 人才匮乏

众所周知，我国人才专业知识的培养主要在大学以及以后，而据2019年财政部给出的最新数据报告，在我国大学本科阶段开设法务会计方向的仅有11所，研究生阶段仅9所，博士生阶段仅有3所，这不得不说是一个残酷的事实，不仅仅是大众对法务会计的概念了解不多，即使是专业从事财会以及法律的人员对其了解也有限，这些对法务会计的发展不得不说是很大的打击。

3. 制度层面不完善

在我国，法务会计在从业时往往依据的是会计准则、税法、经济法相关规定。这就导致了一些问题，如会计准则与税法关于营业税改增值税后相关规定的冲突、支付结算制度与会计准则的冲突等，法务会计往往难以解决，只能根据经验去判断甄别，而一个行业的发展如果只停留在经验层面，那么发展就会受阻。

三、对中国法务会计发展的建议

（一）加强法务会计理论研究，健全理论体系

首先，仿照注册会计师协会建立法务会计协会，协会建设应该先确立行业的领军人物，在其指导与讨论下逐步确立整个理论体系，协会应当分全国与地方，考虑到初期发展问题，地方可以到市级，在协会建设遇到困难时可以求助当地政府或者国务院财政部委；其次，深入法务会计研究，体系的建立需要无数分支的支撑，我国欠缺的正是分支的支撑，

因此政府应当牵头，组成专家学者专门对法务会计具体工作方法、方式进行探索，将法务会计中国化，对整个理论体系进行创新。最后，建议在有条件的高校中设立法务会计研究中心，在其研究中心有一定成果后再由其派出骨干人员指导普通院校建立研究中心。

（二）加强法务会计教育，增加人才供给

教育上，又分为本硕两个主体。针对本科生，一方面要培养他们对法务会计学科的兴趣，专业老师在开学伊始就要对法务会计全面讲解以级其广阔的就业前景给予说明；另一方面要增加设立法务会计方向的本科院校，对实在没有能力开展相关方向的学校，可以指派骨干从业人员在学校建立法务会计实验班，促进其发展。同时鼓励学生修法律与会计的双学位，努力成为相关人才；针对硕士生，一方面要开源，即增加相关院校；另一方面也必须得承认我国短时间内增加大量可以就读学校的难度太大，应当与国外院校开展学分互认的项目，共同培养人才。

（三）加强制度层面建设，完善制度规范

国务院财政部、各级地方政府应当将法务会计的制度建设提上日程。国务院财政部首先应当对其准入条件进行精确的规定，然后要组织相关的职业考试，值得注意的是，其过程可以逐步推进，在问题中不断地改进具体法律法规。各级地方政府对法务会计的制度建设应当注重细化，对财政部颁布的相关制度结合自己的省市具体情况加以改变和实施，因地制宜地进行法务会计制度建设，从而在国务院和各级政府的共同努力下全面进行制度建设。

第五节　我国电子商务会计发展

一、电子商务的相关概述

所谓电子商务，主要是指在现代商务交易过程中卖方通过运用先进的互联网技术和网络信息技术等，以计算机作为主要通信媒介所开展的商品交换活动。换言之，电子商务就是在传统商务发展的基础上将各个环节和各个模块进行电子化和信息化，促使买卖双方在网络平台中实现商品的交易，并且通过第三方支付软件进行付款。电子商务的出现和有效运用在一定程度上体现出时代性，对传统的电子商业交易模式进行了改革创新，并且通过一系列的电子商务活动提高了企业的经济效益和社会效益，促进了区域经济的可持续发展。另外，对于买方而言，电子商务使得其能够在网络平台中进行商品的选择，节省了购物时间，可以足不出户地了解当前的商品发展趋势，对比商品价格，从而选择性价比高的商品；而对于卖方而言，电子商务的出现能够帮助其减少成本费用和管理费用，没有中间商赚取差价，使得产品的价格更能够吸引消费者。

二、电子商务会计与传统会计的区别

（一）会计目标

在传统的会计发展过程中，相关学者认为企业在进行经营管理的过程中应当将所有权和经营权加以区分。所有者应当对其资产的运用情况和效率进行有效的掌握和管理，而经营者应当及时地向所有者进行资产汇报，分析并解释经济活动的必要性及其产生的最终结果。随着电子商务的不断发展，当前我国经济活动大多已经实现了商务化和电子化，立足于互联网技术以及网络技术的基本特征，对会计信息进行及时有效的处理，能够同时向经营者和所有者提供有效的决策信息，最终将决策和责任进行有效的融合。

（二）会计主体

在传统的会计发展和工作过程中，企业作为会计主体是真实存在的，并且具有一定的物质形态，相对稳定，是一种实体组织结构。但是随着电子商务的不断发展，传统会计理念下的会计主体已经逐渐趋于虚拟化。在实际工作过程中，这样的会计主体可能是暂时性的，没有固定的形态，也没有具体的活动空间，会随着市场发展的实际需求不断进行变革。但同时这样的会计主体是难以有效预测和管理的，市场无法对其进行有效的识别。

（三）会计分期

在传统的会计工作中，通常会将会计主体设定为一个长期存续的结构和组织，基于这样的一个长期性，对企业的实际收入、支出等等情况进行分析，编制出科学合理真实的会计财务报表。电子商务环境下的会计信息在一定程度上提高了工作效率，能够实时报送，及时更新，投资者和权益者可以随时随地在网上进行会计资料的查看，了解企业的经营状况。但是在实际工作过程中，大多数企业为了分清企业的经营管理成果，通常会设置待摊、预提等会计科目。

（四）会计凭证的确认

传统的会计工作都是将所有的凭证和财务报表通过纸质资料进行记录和总结。不管是原始凭证、记账凭证，还是财务报表都需要相关负责人的签字和盖章，从而明确经济活动的真实性和可靠性。但是，随着电子商务的不断发展，原始凭证逐渐实现了电子化，这在一定程度上简化了会计工作，但因此也产生了会计凭证的真实性和合法性如何进行可靠的辨别等问题。电子商务平台下的数据信息是无法通过字体来辨认的，每一笔发生的经济活动和交易业务不仅仅要对数据进行准确的核对，同时还要注重经办人和批准人的网络签名和盖章。

三、当前我国电子商务会计发展面临的主要问题

（一）缺乏切实可行的法律政策制度优化会计市场环境

网络平台中的用户及终端大多分布较为广泛和零散，从而增加了客户的识别和验证难度。在会计信息的传递过程中，由于互联网的开放性和多元化，在一定程度上增加了传递的风险性。信息很有可能被其他不法分子冒充用户进行截取，同时对互联网平台的控制程序进行访问。另外，不管是计算机系统还是网络平台都存在一定的漏洞，一旦被竞争对手窃取商业机密，会直接造成相关会计信息的流失，直接对企业的经济利益造成损失。在计算机和互联网安全管理的过程中，相关政府职能并没有充分地意识到电子商务交易的虚拟环境，没有对交易过程和交易双方进行可靠的安全保护，这在一定程度上增加了会计工作的风险性。

（二）会计审计工作难度加大

随着我国信息技术的不断发展，大多数企业在进行电子商务活动时将数据信息存放在电子系统中。但是在实际工作过程中，系统对于一些错误的处理方式具有一定的连续性，很多会计工作的不相容职责较为集中，一定程度上为企业中的不法分子提供了徇私舞弊的机会。当前电子商务背景下的会计工作并没有充分地考虑到审计的重要性。在实际交易活动中缺乏相关的线索，无法对其真实性进行考核。传统的会计工作原始凭证或都会计凭证都是由专人填写的，笔迹具有一定的辨认性，确保无法对专人笔迹进行篡改和修改。但是电子商务平台下，相关人员可以通过系统平台直接对数据信息进行修改并且不留下任何痕迹。

（三）电子会计数据的法律效力有待认证

在发生经济交易的纠纷时，原始凭证通常能够作为最直接有效的证据。但电子商务的发展使得会计数据信息逐渐信息化和电子化，这样的数据信息能否作为直接证据已经成为大多数国家面临的主要问题。尤其是在面对审计和税务检查时，这样的信息能否作为可靠的依据还有待论证。

四、电子商务背景下提高会计工作效率的策略和措施

（一）加强会计工作者的信息安全防范意识

相关财务会计工作者应当提高自身的安全防范意识，相关企业及职能部门应当建立健全可靠的电子商务会计系统，作为促使其可持续发展

的重要保障。具体而言，首先，财务会计工作人员应当树立正确的风险意识。加强对会计信息的管理，通过对其输入、输出、权限控制、安装防火墙等方式，明确要求外部用户进行会计信息的访问必须有一定的授权，拒绝非法访问；其次，会计从业人员应当对会计信息进行及时备份。尤其是对于企业的一些决策信息或是重要数据等，要及时地传递到相关可靠的介质上，以防止信息数据丢失。

（二）改善优化电子商务的会计环境

网络经济的不断发展在社会上打造了一个全新的交易市场，这也是未来我国市场经济发展的主要趋势。为了充分提高电子商务的效率和质量，相关部门首先应当对市场环境进行改革优化。一方面，相关职能部门应当对金融监管和服务环境进行改革，建立起健全的监管制度，加强对网上交易的实时监控，确保第三方支付简便快捷，从而营造出良好的交易环境；另一方面，职能部门可以通过物联网技术对物流管理进行优化。装备识别器、红外感应器、GPS 定位等相关的设备设施，充分实现信息的传输和交换，对企业商品进行智能化服务，准确定位监控，以提高企业的经营管理效率和质量。

（三）运用现代信息技术，优化技术环境

随着现代信息技术的不断发展，当前我国会计工作在进行相关资源资料的收集和处理时大多依靠网络技术。例如，大数据技术、现代信息技术、物联网技术、云计算等，都为电子商务的进一步发展奠定了良好可靠的基础和优质的环境。例如，云技术能够提高电子商务的计算和存储能力，搭建起高效的会计工作结构和框架，逐渐实现电子商务信息交

流的虚拟化和可靠化，有效为相关的消费者和用户提供自动化服务，确保电子商务信息数据的安全性，提高数据中心的效率。同时对第三方支付功能进行可靠的优化改革。通过这样的方式简化会计工作，提高管理性能，可促进电商行业的可持续发展。

（四）提供智能化的电子商务会计服务

电子商务的广泛运行为用户提供了更高的服务性能，智能化服务能够与会计工作的各个环节和信息数据系统进行无缝衔接，为企业的经营管理提供可靠的数据支持，促进企业的经济效益的提升。随着电子商务的进一步发展，代账平台作为智能化电子商务会计服务的主要平台之一，基于互联网技术和大数据技术对会计工作的账、证、表等业务进行有效的处理，对收账、记账、报税等业务进行全面系统的管理和优化，减轻会计人员的工作负担。同时，这样的智能化电子商务还能够对会计处理流程进行简化，对会计管理中的减少无效行为或不增值活动，站在全局的角度上，以经济效益和社会效益最大化作为主要目标，优化会计工作和会计流程。

综上所述，电子商务及相关会计从业人员应当加强自身的信息安全防范意识，改善优化电子商务的会计环境，运用现代信息技术，优化技术环境，提供智能化的电子商务会计服务。

第七章　会计改革的创新

第一节　推进新形势下的政府会计改革

在党的十九大报告中，习近平总书记指出，现阶段我国的经济增长已由高速增长转变为高质量发展阶段，是转变发展方式、优化经济结构、转换增长动力的关键时期。而政府会计改革已经提上日程，并且在2019年1月1日实行了新规，但在新形势下推进政府会计改革的过程中，却出现了许多让人应接不暇的问题。本节主要选取了专业人才的缺乏，会计信息的质量和会计核算方法的转变困难三个问题作为主要的研究对象，并且从三个相对应的方面提出了解决的对策，希望可以解决政府会计改革在当前形势下遇到的问题。

一、新形势下政府会计改革的现状

为了认真地贯彻落实党的十八届五中全会和十九大精神，需要构建统一、科学、规范的政府会计体系，推进以权责发生制为基础的政府综合财务报告的落实。建立健全以"双功能、双基础、双报告"为基础的政府会计核算标准体系。但是，政府会计改革不能仅仅对会计原则进行改革，因为从管理的层面来看，政府会计改革改的是单位的体制和机制，以及整体的管理理念，还有流程再造。但现在改革的现状却令人不容乐观，存在着诸如缺乏专业人才，会计信息质量有待提高和会计核算方法一时难以转变等问题。在这种现状下，政府会计改革势必会受到阻碍，需要在改革的进程中将出现的问题及时解决，不断地推进政府会计改革的向前发展。

二、新形势下政府会计改革中存在的问题

（一）缺乏适应新形势的政府会计方向的专业人才

现阶段，在推行新规的过程中，暴露出来的较大问题是专业人才的缺乏。单位内很多员工对新规还不太熟悉，实务操作跟不上新规的发展。因为对流程的不熟悉，对新规的不了解，导致新规的实行受到阻碍。因为，在现阶段，我国对于会计人才的教育还有所欠缺，特别是对于政府会计方面人才的培养更是存在很多不足之处，根本无法满足政府单位对于人才的实际需求。在各大高校的会计系必修专业课程中，很难见到政府会计的身影，政府会计只是作为一门可有可无的选修课而存在。但是就算是作为选修课存在，所教授的知识依然不能与实际接轨，甚至有些财经类院校根本没有开设政府会计这门课程。正是因为如此，才会导致在改革的过程中，可用的人才少，甚至出现无人可用的现象，严重阻碍了政府会计改革的进程。

（二）会计信息质量有待提高

在《政府会计准则——基本准则》（《基本准则》）中，政府会计的信息质量必须要满足政府内部使用者进行内部管理与调控的要求，还

必须要满足外部使用者提高决策准确性的要求。《基本准则》要求政府会计主体提供的会计信息应当具备可靠性、全面性、及时性、相关性、可比性、及时性和可理解性。但是当前的政府会计还没有形成相当完整的体系，对于财政收支基本上还是通过预算管理来进行调控的，所以使得政府会计的信息无法及时、准确、全面地向政府会计信息使用者进行传递，导致政府会计信息在可靠性、可理解性、及时性等方面存在很多问题。首先，在新规施行以前，政府会计的核算长期以收付实现制为基础，出现了资产闲置以及资产账实不符的现象。直到现在，这些问题依然没有得到彻底解决。这就造成了会计信息的可靠性、可比性不强；其次，按照《基本准则》的要求，政府会计信息应该在规定的时间内对外披露涉及政府会计的所有财务信息，以此来实现外界对财政资金的监督。但是当前的政府会计报告在报告日后半年才会对外披露，使得政府会计信息的及时性大打折扣；最后，从对会计信息的监管层面来说，政府会计还没有形成内部控制、内部监督、内部审计三者相结合的现代化监督体系。缺乏现代化的监管手段，容易造成政府会计信息的失真。

（三）预算会计核算方法转变困难

权责发生制在政府会计工作中发挥着非常积极的作用，但是现阶段权责发生制的应用依然存在着较大问题。第一，实现两者的转变需要付出较大的成本，新制度的应用需要增加许多新的会计科目内容，这就需要大量的人力物力，才可以将新的会计科目完善；第二，新制度的实施对于现有的工作人员来说是一种挑战。长期在旧制度的工作模式下，会使政府会计工作人员安于现状，难以接受新的挑战。在改革的过程中，就会出现一系列的问题。当前，我国政府并未出台与政府职能发展相匹配的规章制度，导致权责发生制很难落到实处。

二、解决对策

（一）加快新形势下专业人才的培养

第一，各大高校是培养会计专业人才的主战场，各大高校在进行培养工作时，一定要做好各方面的工作。首先，在教材的选取上，应该选择与时俱进的教材，不仅要紧跟我国政府会计改革的脚步，还要借鉴国外的经验。不仅仅要新，还要具备应有的实务性。"纸上得来终觉浅"，再精湛，再完美的理论知识也只会在进行实际操作时才能发挥出最大的作用。选取的教材要能够使得理论、准则、制度和实务融为一体。其次，在教师队伍的选取上，要选取对政府会计人才培养有经验，有独到见解的教师团队，培养出真正的有实操经验，有学识的高校毕业生。第二，对于会计专业人才要强化继续教育。随着改革的稳步行进，政府会计知识在不断地更新，政府应该大力提倡"活到老，学到老"的思想，为政府会计人员继续教育创造必要的学习条件，不断更新知识库，提高专业素养。第三，对于专业人才的选拔机制，做到任人唯贤，而不是任人唯亲，要把人力资源放到最合适的岗位上，物尽其用。第四，要想提高专业人才的能力，可以开展多种形式的培养方式，比如，参加培训、开创相关报刊、进行课题研究、参加学术会议等，为政府专业会计人员的成长提供交流的平台；第五，作为人才主战场的各大财经类高校应该与政府建立良好的合作关系，现在绝大部分大学生的实习平台是企业，很少有进入政府

部门进行实习的。鉴于此，政府应该联合高校制定相关的考评机制，

通过公平的考试选拔出优秀的大学生，每年应给予各高校一定的名额，让拿到名额的学生获得进入政府部门实习的机会，从而真正实现理论与实践的相结合，培养出符合新形势改革下的政府专业会计人才。

（二）提高政府会计信息的质量

要想提升政府会计信息的质量，第一，提高会计专业人员的职业水平。因为编写政府工作报告的参与人员主要是会计人员，政府财务报告的质量高低取决于编写人员的知识水平和工作能力。要对会计人员进行专业培养，要求其掌握相关的国家法律法规，在编写报告的过程中严格遵守职业道德及其规范。第二，有一句话叫作"常在河边走，哪有不湿鞋"。这句话从侧面反映出，从事会计工作，不仅要做到慎独，同时还需要有必要的监督。要想强化监督机制，首先，单位内部应该制定完善的内部管理制度，攘外必先安内，需要先加强内部的监督机制；其次，监督机制的实现还需要内部审计部门的配合。在成立内部审计部门时，应该建立独立的审计体系，可以从外部聘请具有独立性的注册会计师进行审计；最后，随着社会的发展进步，监督机制应与信息化技术连接起来，构建成一个内部审计、内部监督、内部控制紧密结合的体系，从而实现对政府会计信息的有效监督，提升政府会计信息的质量。第三，除了内部监督以外，还应充分地利用外部监督。政府应按照政务公开要求，及时向信息使用者公开会计信息，自觉接受社会公众的监督。在社会的监督下，政府会计信息质量将处于一种透明的状态，对于提升会计信息质量有很大的益处。第四，对于对外披露的报告，主管部门要对与信息披露有关

的法律体系进行完善，使其更加真实、全面、可靠、及时地披露政府会计信息，提升会计信息的质量。第五，对于会计信息失真的现象，有关部门要制定明确的法律条文来进行管理。明确财务报告主要负责人以及提供会计信息的其他人员对会计信息的完整性、准确性等应承担的经济、民事和法律等方面的责任。对于提供虚假财务报告，给信息使用者造成重大损失的，还要依法追究其刑事责任。各执法部门要严格按照国家的相关规定来执行，绝不放过任何一种违法犯罪的行为，以此来保障政府会计信息的质量。

（三）加快新旧制度的衔接

收付实现制是以收到或支付的货币资金为依据来确认入账，而权责发生制是以物权转移为依据确认入账。新旧制度的衔接需要具体到不同的会计科目。用固定资产举例说明，要想实现新旧制度的衔接，不仅要将原固定资产科目转入到新固定资产中，还要将旧制度下缺失的固定资产的折旧补贴回来。在补提折旧时，需要考虑年限的问题，财政部对固定资产的折旧年限进行了规定，并对固定资产进行了分类管理，单位在执行过程中，就必须严格执行规定的要求，提高固定资产的处理质量。此外，实现新旧制度的衔接，还可以运用试点改革的方法进行推广，对各单位接受新规的能力进行详尽的分析，找到适应能力好的单位进行试点改革，然后进行推广，以此来实现新旧制度的有效衔接。最后，在新世纪信息化的前提下，权责发生制对于会计信息系统化的要求较高。我们应该不断地提高会计信息系统化的水平，根据我国的国情，借鉴他国的成功经验，构建符合我国实际情况的会计信息化系统。

第二节　金融企业会计改革

在经济全球化的深入发展过程中，我国金融企业的会计准则以及标准也逐渐靠拢国际，会计改革在逐渐深入。而会计改革可以对于优化、改善企业资金投资以及企业的发展有着积极的推动作用。但是，不可否认的是在金融企业的会计领域中还存在一些问题，解析这些问题，可以推动会计改革，对于信托公司的发展有着积极的推动作用。随着我国积极推行国际会计准则的改革，在企业资金投资改善与优化中作用显著。但是在金融企业的会计发展中存在的问题也逐渐凸显，对这些问题进行研究，对于推动金融企业会计改革、规范信托行业发展有着积极的促进作用。

一、信托金融企业会计改革问题

（一）信托金融企业发展进程

信托公司属于发展势头显著的新兴行业，信托公司通过委托人的身份，基于信用为基础，为人们提供理财服务。信托投资与银行信贷以及保险行业共同构成了现代金融行业。因为信托行业管理委托人的财产相对较为自由，其投资的范围也较为广泛，具有群体以及业务多样化的特征。而在这种环境中，也会受到各种复杂因素的影响，因此，规范信托行业，推动会计改革具有一定的实践价值与意义，可以完善金融市场，具有规范金融市场秩序的重要作用。我国信托行业发展相对较晚，在六次的清理整顿过程中，解决了基建规模过大的问题、信贷失控的问题、管理混乱等问题，而随着信托行业的逐渐成熟，宏观环境也在不断完善，在各项政策手段的出台规范之下，信托行业逐渐成为现代金融体系中的重要内容。但是因为信托行业特点以及发展进程等因素的影响，必须要践行会计改革要求，强化内部控制，只有这样才能实现会计持续、稳定发展。

（二）金融企业会计领域常见问题分析

在整体上来说，我国金融企业会计领域还是存在一定的问题，其主要表现在表外业务、呆账准备金、金融衍生产品等几个方面，具体如下：

1.表外业务方面

金融企业的外表业务主要是在我国会计准则实施之下开展的，在资产负债表中不计入，但是会存在损益变化的一些金融业务。表外业务的数量大就会再增加风险问题。而在金融行业中，因为在资产负债表中无法直接反应表外业务，这样就会导致表外业务透明度低、存在隐蔽性高的特征，在估测过程中较为困难，增加了金融风险问题；同时，会计核算缺乏规范性，会计信息披露不完整也会导致金融企业表外资产受损等问题的出现。

2.呆账准备金方面

金融企业会计改革的主要内容就是金融企业存在的核销以及呆账提取等问题。对我国金融企业现状分析，了解实际经营状况，可以发现呆账准备金无法进行有效的计提，这也是现阶段我国金融企业存在的显著金融风险问题。而我国金融企业的呆账准备金计提与国际会计准则中规定的合理比例之间的差异相对较大，这也就导致了贷款核销等问题的出现。

3. 金融衍生产品方面

金融衍生产品就是指在金融企业债券、股票等一些传统的金融工具之下，衍生出来的一种全新的金融工具与手段。金融企业的金融衍生产品会给投资者一种灵活的选择空间，而在资金博弈上则具有杠杆作用。但是，如果在实践中缺乏对金融工具的了解，在操作中出现偏差性问题，也会造成金融风险问题，严重的甚至会影响金融企业的日常运转。金融企业衍生产品具有高风险、多样以及复杂性的特征，在一些衍生产品的会计确认、会计计量以及会计信息披露等领域上缺乏规范性，衔接性也不够，这样就会影响金融企业的稳定运行。

二、探究金融企业会计改革进程

在金融行业会计改革过程中，现阶段已经初具成效，金融企业会计制度与政策也在不断地完善，金融企业会计制度与国际会计标准也呈现趋同化发展，这无疑有效地缓解了各种问题，降低了金融行业风险，规范了金融行业的会计工作，对于金融行业的持续发展来说有着积极的影响，其具体如下：

（一）金融企业会计制度与政策

虽然我国的会计准则与国际会计准则在不断的融合，也推动了我国经济发展，达到了优化资金投资管理的作用。但是，要想真正凸显会计准则的作用，就要根植于中国本土国情，在国际经济形势变化中制定出完善的、符合金融公司发展的，具有专业性的金融会计制度，如此才能真正解决问题，推动金融企业的快速稳定发展。

会计披露制度的主要目的就是实现金融企业经营信息的公开化、透明化，也是优化资产投资的重要标准。金融企业与一般的企业存在一定的差异，具有规模庞大、内容特殊以及投资风险较大的特征，是一项与群众利益关系密切的企业。投资者可以分析会计披露信息，了解企业财务状况以及经营状况，分析企业的发展态势，进而降低投资风险问题，获得一定经济效益。完善的会计披露制度可以在一定程度上解决我国上市公司存在的内控问题，是提升信托企业业务能力的有效方式，可以为公司的发展，战略决策提供参考与依据。

随着我国证监会颁布了关于金融公司信息披露的规定，明确了减少冗余信息披露的信息规定。而在整体上来说，在我国现有的法律规定中信息冗余、缺乏关键信息，还有一定的完善、提升空间。但是，也对一些对投资影响较大、风险较高项目的披露管理，对一些非经常性的损益、净资产收益率以及一些境内外准则的差异等相关内容也进行了规定，为投资者了解企业提供了有效的政策支持。现阶段，我国金融企业存在着风险控制不足、管理有待完善的问题。信托公司存在的会计披露问题也逐渐凸显，如果不及时干预就会造成严重的损失。

（二）金融企业会计制度与国际会计标准趋同化发展

在经济全球化发展过程中，会计标准国际化是主要的发展趋势，这样不仅仅会降低企业筹资成本，也会降低交易成本问题，是一种提升企业国内以及国际市场竞争能力重要途径。金融企业会计制度的制定，要在国际标准的引导之下，综合国情状况，在实践中不断地完善，逐渐地靠拢国际会计标准。

我国的会计发展过程中，主要就是遵循从《总制度》要求，分别制定各个行业的会计准则，基于国际会计准则以及金融行业特点为基础之下不断的补充，适应于各个行业的发展趋势，从整体上来说，我国会计制度与国际会计标准呈现一个协调、借鉴以及对比的发展趋势。

一些信托公司也进行了股份制改造，吸收国外资金以及自然人的资金投入，这样有效地改善了我国金融企业存在的问题，规避了不良资产以及资金准备不足等问题。信托企业在审慎会计原则的基础之上，不断地提升会计信息质量，在国际跨境惯例的支持之下不断地完善。

从整体上来说，我国的会计制度与国际会计准则也存在一定的差异，在金融产品的计价、衍生性的金融工具、收支确认以及所得税会计处理等领域还是存在一些问题，这也是今后必须要完善的内容。

将公允价值作为计量属性，公允价值可以显示多种金融信息内容，可以展示金融资产以及负债信息内容，也可以防范金融危机问题。而在衍生金融工具中应用统一性的公允价值列式是较为关键的。而为了规范金融衍生工具，在应用公允价值计量的同时也要明晰会计报告，通过"风险报酬法"等方式进行处理，可以合理规避各种风险问题。现阶段，我国多数金融企业均在会计制度准则方面与国际会计标准靠拢，实现了统一发展的目标。

三、金融企业会计改革的对策

在整体上来说，我国金融企业在会计改革中还存在一定的问题与不足，为了解决这些问题，就要分析存在的金融风险问题，基于国际金融会计制度为指导，解决各种问题，对此，在实践中要完善表外业务，综合管理信贷资产和呆账准备金，加强对金融衍生产品的风险防范，其具体操作如下：

（一）不断完善表外业务

对于表外业务，信托公司要重视采纳与应用国际银行监管的核心原则，要做好对相关表外业务的风险评估分析，信息披露以及会计核算等相关工作内容，在扩展金融企业表外业务的同时，也要提升会计核心的能力。要积极拓展各种业务品种，完善公司业务模式。

（二）综合管理信贷资产和呆账准备金

针对金融企业的贷款资产以及对应的呆账准备金等问题上，要遵循国际会计准则的制度，通过分类评级方式，基于贷款风险进行划分处理，综合行业状况、贷款用途等内容进行完善处理，构建系统的、科学的风险评估机制，为金融企业的发展运行奠定基础。

（三）加强对金融衍生产品的风险防范

针对金融企业存在的风险隐患问题可以通过国际会计准则的要求以及风险报酬方式进行确认分析；在财务会计报告中披露金融衍生产品的信息披露，要对成本价值、产品属性以及公允价值等相关内容进行明确规定；而在金融衍生产品的计量中，则要将公允价值作为主要的内容，利用完善的对策，强化对金融企业风险的控制与管理。

我国金融企业在发展过程中逐渐地参与到了全球金融市场中，企业会计改革也是主要的趋势。在金融企业的会计改革过程中，要在制度上加强约束完善，解决金融企业存在的问题与不足。通过改革金融企业会计问题，完善标准内容，提升会计质量，加强对各种风险的防范与控制，从而提升金融企业的市场适应能力，为企业的持续发展奠定基础。

第三节　科研单位会计改革

从经济属性来看，事业单位属于国家专属机构，是由国家担负单位运营资金，不进行经济核算的单位。该单位不仅不从事生产经营活动，其收入不是依靠生产经营得到的，同时其也不需要向他人或国家分配盈余，不需要进行利润核算，所有单位财产所有权均归国家所有。财税体制改革的不断深化，使得该单位原有会计制度在信息规范标准、核算程序以及方法等方面出现了一定出入，实施会计改革已经成为必然之举。

一、科研单位会计管理现状

会计管理是单位运营重要管理手段，在具体开展各项业务时，会计人员会通过预算计划以及资金管理等手段，确保每一笔资金使用的合理性。与普通单位有所区别，科研单位是具有公益性质的、由国家设置的事业单位，是以保障国家科技发展、为社会进行服务为目标的单位组织。与普通企业财务管理目标有所不同，科研事业单位财务管理功利性相对较差，其是以保障单位资金合理分配与管理，确保科研项目可以顺利完成为目标，事务性特征较为突出。所以，高质量的会计管理可以有效杜绝资金浪费以及徇私舞弊等状况，能够对国家财产形成有效保护，确保每笔资金价值可以得到最大化挖掘与利用，进而更好地为社会进行服务。

通过分析可以发现，事业单位管理体制是以计划经济体制为基础发展得到的，并不具有商业目的，市场经济对其影响相对较小，所以在市场经济体制得到不断优化的环境中，科研单位会计管理始终还是存在着一定问题。如实际情况与设计不符，导致科研项目无法得到充足资金保障；资源配置存在问题，各项财务管理工作出现状况，会计工作职能无法得到有效发挥等，都对科研单位正常业务开展造成了影响，会对我国科技发展形成一定阻碍，需要进行完善。具体会计工作问题，主要集中在以下几个方面。

二、科研单位会计工作问题

（一）同构关联单位利益输送方面

由于科研事业单位属于社会服务性组织，是以为社会、为国家科研进行服务为目标的，服务性特征更加突出，应不同于营利性企业会计工作模式。但在实际进行会计管理时，却因为部分人员想要给领导留下好印象，经常进行同关联单位利益输送，预埋下了多种潜在会计风险。同时，因为主管部门对资源配置有绝对主导权，如果这些部门未有严格遵守各项规章制度，出现违法乱纪行为，就会造成较为严重的后果。

（二）管理制度执行方面

由于受到单位属性影响，科研单位会计管理会受到上级主管的直接影响，虽然经过不断改革，该项影响已经逐渐削弱，但如果主管单位意愿过强，依然会影响各项管理制度开展质量。同时，资金使用制度执行不到位以及相关结构没有对资金使用形成严格把控等，也会使资金使用出现各种问题，会使国家资产遭受损失。此外，因为事业单位资金拨款以财政拨款为主，资金无偿性特性较为突出，所以在对资金进行使用时，如果存在资金管理不到位的状况，就会使会计工作职能发挥受到严重限制，会对科研事业单位发展形成直接阻碍。

（三）程序履行与程序遵守方面

因为部分科研单位没有对上级所制定相应政策充分理解，对会计管理认知存在误差，导致其无法正确对会计管理相关制度与政策进行使用，在管理程序履行以及管理程序遵守等方面都出现了一些问题。一方面，会计管理较为随意，没有严格按照各项规章制度进行管理，有时为了简化管理，甚至会出现随意对管理条例进行更改的状况；另一方面，管理制度执行力度较差，各种制度执行存在不到位、不规范等问题，整体会计管理工作需要不断进行优化。

（四）国有资产管理方面

在国有资产管理方面，科研单位以及其他事业单位普遍存在着权责划分不明确以及资产现存管理存在问题等状况，国有资产使用率相对较低，国有固定资产作用发挥也受到了一定限制。同时，会计管理还存在着对收支总账过度关注，对明细账以及资产日常使用管理有所忽视的状况，导致部分资产出现流失状况，或存在资产在库存中没有得到有效利用的情况，这些都是科研单位以及国家财产的损失。

三、科研事业单位会计改革建议

（一）更新会计管理理念，完善会计管理机制

通过对各项会计问题的分析可以发现，有些单位之所以会出现会计

管理与预期目标不符的情况，与单位人员管理理念有直接关系。因此，科研单位应加强对管理人员管理理念的完善与强化，以为各项会计改革顺利推行奠定良好基础。一方面，要对管理层以及会计人员进行培训，使他们明确认识到会计工作开展重要性，确保其可以主动地投入到会计管理工作研究之中，会计工作可以得到高度关注；另一方面，应定期对人员进行考核，帮助他们明确自身不足，并有针对性地开展会计技能以及理念学习，不断弥补自身缺陷。

在对人员会计管理理念进行强化的同时，还要对会计管理机制进行完善。在具体进行完善过程中，首先，应提高资金整体使用率，增强经济核算能力，要按照科研单位性质特点，将资金链条、业务特点以及运营体系等因素考虑到其中，做好会计管理制度协调，从而和资金管理工作形成有效配合；其次，应保证会计管理制度和其他制度的兼容程度，应在对各种制度开展充分研究的基础上，有效规避各种制度潜在矛盾，确保制度落实质量可以达到最佳；再次，按照市场经济发展情况，借鉴企业会计管理优势，开展会计指标与财务核算方式调整，制定出更为适合的核算模式，积极推行多元化经费核算手段，确保科研部门及其他部门经费使用可以得到妥善管理，以降低各种经费问题产生可能性；最后，要以会计管理机制为着手点，对单位内部开展高效管控模式，确保每笔经费去向都能得到全面把控，使会计监督职能得到充分发挥，达到妥善解决同构关联单位利益输送以及管理制度执行不到位等问题的目标。

（二）强化综合经营管理，提高科研成本管理水平

单位内部综合经营管理质量会对科研成本形成直接影响，如果管理

水平较高，科研效率也会随之提升，整体科研成本费用能够得到有效管控，整体成本投入会出现显著下降的趋势，国家资产使用价值会得到切实提升。为了达到最佳科研成本管理模式，科研单位需要做好以下几点：①增强成本意识培养。单位应通过组织座谈会以及组织培训等手段，帮助单位内部人员认识到成本管理的必要性与价值，不断提升人员成本管理意识，以在单位内部形成良好管理氛围，进而从源头起降低资产浪费的可能性；②科学制定科研项目成本核算、管理方案，并按照项目实际情况，对管理内容进行适当调整，要通过针对性管理手段，对科研活动开展质量进行保证；③增强成本基础管理，确保各项管理工作可以真正落实到各项科研活动之中，能够形成一套较为完整的成本管理体系，可对科研工作开展全方位、全过程管理，进而将成本管理基础工作落到实处，高质量完成各项成本管理任务；④在具体进行成本核算时，需要按照核算对象实际情况，开展针对性计算，应做好成本计算结果回报、责任成本核算以及变动成本计算等，以为管理部门决策制定提供可靠信息支持。

（三）做好科研经费核算，满足科研工作客观要求

在实施会计改革时，为确保各项会计工作开展质量，需要对单位科研经费开展全方面核算。在具体进行经费核算时，需要以预算为基础，按照单位具体情况，对核算模式与手段开展调整，以达到单位经费核算工作各项客观要求，高质量完成会计工作任务。在对单位支出实施核算时，因为科研单位支出核算标准是由国家财政部门进行制定的，所以在实际进行核算时，需要在相应规范要求下，有序、规范地开展各项核算活动。如在对人员外出经费以及科研单位会议经费等实施核算时，应在对核算

重点进行明确的基础上，逐步开展各项核算操作，以对最终核算结果可信度、公信度进行保证。同时，人员需要以科研经费核算为基础，做好预算编制以及预算指导等操作，应通过科研人员、会计人员共同进行研究的方式，确定收支平衡正确预算编制手段，科学开展预算安排，以为后续决算工作高质量开展奠定扎实基础。

（四）强化会计分析能力，保证定量、定性分析质量

会计信息分析也是现代会计管理重要组成，会对后续各项工作开展形成直接影响，是会计部门需要关注的重点。在对会计分析能力进行增强过程中，一方面可以通过定量、定性分析手段，对会计管理过程所存在的各项不确定因素开展预估，将预估结果提供给决策人员作为参考，如在对科研经费投入数额进行分析时，可将经费核算与使用管理等工作结合在一起，以对经费投入制定合理性进行保证，保证预算编制工作开展质量；另一方面在实际进行费用核算时，不仅要对必要项目实施审核，同时还要对现有各项政策开展研究与分析，明确政策中扣税优惠政策，通过对各项政策的合理运用，将科研单位各项工作与会计分析工作有机融合在一起，做好工作衔接，实现对各项资源的合理分配，确保会计工作价值与作用可以充分地体现出来。

（五）改善国有资产管理现状，废除各项老旧体制

在新环境、新时代中，一些传统的国有资产管理机制已经不再适用，科研单位应借助内部改革浪潮，在进行会计改革时，与直属管理部门取得联系，对各项老旧体制进行废除，以通过对各种体制不断调整与完善的方式，制定出更为合理的国有资产管理方案，以达到最佳国有资产管

理效果。

目前科研单位在经营机制方面已经发生了一些改变，一方面是单位资金来源变得更加多元，经济成分不仅包括全民公有制，同时还包含个人经营以及集体经营；另一方面是单位运营方式更加灵活，联营、承包以及合资等经营模式开始兴起。在此环境中，会对国有资产完整性形成有效保护，需要做好单位经营机制调整，不仅要按照国家规定对国有资产开展评估，做好资产清产核资，同时还要在进行会计改革时，不断对国有资产管理、核算方式进行完善。单位应增强对无形资产的管理力度，做好著作权、专利权以及发明权保护，将其纳入会计管理项目之中，并制定出较为详细的管理方案，以对科研单位各项资产开展高质量管理。

综上所述，科研单位要明确认识到自身性质与使命，以为社会科技发展为宗旨，按照单位会计工作开展实际问题，制定出针对性较强的会计改革方案，确保可通过改善会计管理观念以及加强会计管理制度等手段，实现对各项会计管理问题的切实优化，确保国有资产可以得到科学有效的保护与利用，各项科研项目可以得到充足资金保障，进而对我国科研事业发展形成有效带动。

第四节　信息化环境下财务会计改革

当今时代信息化技术的应用越来越广泛，各行各业都在慢慢走上信息化道路，实践信息化改革，企业的财务会计管理也同样在逐渐推广信息化。新型技术固然带来了许多便利，但与此同时，还有很多问题暴露出来。信息化环境下财务会计改革的当务之急就是进一步提升信息化技术在改革中的应用率，提高工作效率，使财务会计的改革更加合理，从而进一步促进企业发展，为公司带来更多的经济效益。

一、财务会计改革中出现的问题

（一）传统从业人员的信息化素质不高

财务会计的信息化环境对从业者提出了一定的要求，它对相关工作者的素质要求也比较高。但是就目前的情况来看，在财务会计的改革活动中，很多员工并不能满足这一要求，工作能力相对来说还有很大提升空间。很多员工对信息化技术的认识也不足，观念还停留在传统的会计结构中，并不熟悉信息化相关的知识与操作，影响了新技术在财务会计工作中作用的发挥。

（二）信息化增大了财务会计管理的风险性

信息化技术是建立在互联网技术的基础上的，信息化、数字化都是互联网巨大优势的体现，但这也就是说，一旦互联网安全受到威胁，应用信息化技术的部门与领域就相应地也会受到威胁，而财务会计所管理的数据与信息又都是对企业发展举足轻重的。目前对互联网安全造成威胁的主要是两个不稳定因素，那就是病毒与黑客，这也正是信息化环境自身的危险性所在。一旦病毒或者黑客突破互联网防火墙进入公司系统，企业自身的安全必然无法得到保障，综合来看有一点的风险。

（三）系统的信息化财务会计管理体系还没有建立

尽管信息化建设已经进行了很长一段时间，但是一个系统的、相对来说比较完善的信息化环境还没有被建造出来。单位在进行财务会计管理的过程中，往往只在基础的方面进行了参考，而没有把信息化技术融入整个会计行业的建设体系，缺少整体的把握与规划，没有明确的工作方向，这样自然无法促进现代化的财务会计改革顺利进行。还有就是具体到单位的财务管理，信息化理论并没有得到较好的落实，相关的规定也并不完善，相对来说缺少硬性的、明确的要求，这些都在不同程度上制约着信息化环境的向更合理的方向发展。另外，企业内部对财务会计的监督力度往往还不够，监督方案也不够合理，与之相对应的就是信息化环境缺少有力的监督机制，约束和限制也不够。从整体来看，财务会计的改革并没有自上而下、由表及里地形成一个良好的生态系统。

二、解决财务会计改革中出现问题的策略

（一）加强专业素质，培养专业人才

要想提升信息化水平，改善信息化环境，首先要做的就是提升从业者的素质，要做到以人为本，从每一位员工抓起，优秀的人才是财务会

计行业进行信息化改革过程中最重要的因素。要加强对在职员工专业技能的培训，有条件的单位可以将相关工作人员组织起来，寻找公司外专业人士或者公司内技术娴熟、知识丰富的员工对其进行教导。要让财务会计们从思想上意识到信息化的重要性，同时也要让他们更多地享受信息化技术带来的便利。在新入职员工招聘上，也要多招聘复合型人才。21 世纪是一个充满挑战的时代，对人才的素质要求更高，个人在自身成长时也要注重全面性。

（二）提高网络防御能力，重视网络安全

如果说人才的素质是信息化环境改革中的关键因素，那么维护好网络安全就是构建财务会计管理信息化环境的基础因素，如果不搞好网络安全工作，可能其他所有的努力与尝试都会功亏一篑。换言之，企业要想更好地利用信息技术为自身带来更大的经济效益，就要从根本上维护好网络安全。既要提升财务会计相关工作人员的安全意识，提升他们在日常工作中的网络危险防范水平，让全体员工都意识到维护好网络信息安全的重要性；同时也要从技术上入手，组织专业的团队，加强网络防护，针对可能出现的不同问题事先提出不同的应急方案，以免危险事件突然发生时束手无策。

（三）多方共同努力，建立完善的信息化管理系统

要想构建一个合理的、完善的单位财务会计信息化大环境，进一步为信息化改革助力，除了人才支持与技术支持之外，还需要多方共同努力，一起为整个体系的优化贡献力量。在国家方面，要尽早地完善相关法律法规，给整个行业制定准则，提供标准，从大的角度把握好整体方向；就企业而言，要根据国家相关政策，结合自身的具体发展要求制定符合实际情况的内部规章政策，约束好整个部门。此外还要加强各个不同职能部门之间的合作，总体来说营造一个好的环境，离不开公司上下每一位员工的努力。

信息化技术的不断发展为企业的财务会计工作带来便利，但在信息

化的推进与改革中还存在着包括人才、技术、体制等在内的不同方面的问题。要想营造一个真正良好的企业信息化环境，建造合理的信息化系统，就要对症下药，提升相关工作人员素质、更进一步地维护好网络安全，也要从大的角度入手、有一个全局的观念，自上而下地完善相关规章制度，为信息化改革提供良好的土壤。

第五节 "互联网+"与会计的改革

在信息时代下，信息技术成为推动社会发展的重要驱动力，我国政府也正式提出了"互联网+"战略，各个行业都在积极探索全新的发展模式。会计信息一体化是行业的必然发展趋势，在"互联网+"背景下，会计行业的外部环境、核算方式、服务内容和工作职能均出现了较大变化，需要会计有效地结合信息技术改革要求实现自身创新优化，以保持会计自身的长期健康发展。本节结合互联网+下市场经济发展的重要意义，分析供给侧结构性改革和新旧动能转换带给会计的影响，并探究会计的改革及发展。

一、"互联网+"下会计改革中存在的几点问题

（1）理论研究不足。当前，随着互联网技术和电子商务的蓬勃发展，其对传统会计理论带来了巨大的冲击，但是当前，我国会计行业并没有结合互联网技术和电子商务进行必要的理论体系研究和补充，导致理论建设严重滞后于经济社会的发展，对会计信息化发展形成制约和阻碍。

（2）人员素质不高。在互联网+背景下，会计工作的职能、作用以及内容均出现了较大转变，对从业人员的综合素质、各项能力和职业素养提出了更为严格的要求。但是当前，部分会计人员在专业能力和信息技术操作水平等方面难以满足岗位要求，人才素质不高、高素质人才数量不多是现阶段会计信息化发展中面临的关键问题。

（3）融合程度较低。会计信息化是互联网技术与会计的有效融合，但是当前，在"互联网+"会计的发展进程中，两者融合程度不高，难以发挥互联网技术的应用优势，其具体体现在以下几点：第一，企业在开展会计工作中，没有充分地应用ERP信息系统和互联网技术，导致工

作效率不高，并且容易出现信息不准确，无法实现数据共享；第二，财务风险防控体系缺乏信息化平台建设，难以对财务数据实现事前预测、事中监控、事后评价的动态监控，不符合现代企业发展需求；第三，没有引入和应用大数据技术，对市场风险和财务风险的分析依然停留在初级阶段，导致获取信息滞后，难以为企业有效规避风险提供信息支撑。

二、"互联网＋"下会计改革与发展对策分析

（1）更新理论框架。在信息时代下，信息化是会计行业发展的必然趋势和主要方向，以信息技术为支撑的会计工作与以往的工作模式和处理方式存在较大区别，为了促进会计行业的发展与改革，需要立足于"互联网＋"的特点，对理论框架进行更新，结合实践经验不断地补充和完善理论体系，加强知识讲解和介绍，促使从业人员加深对"互联网＋"的认知和理解，掌握工作新模式和新技术，从而实现业财融合。

（2）提升人员素质。在"互联网＋"模式下，会计工作的职能和内容均发生了较大变化，对从业人员的素质与能力也提出新要求，而想要更好地迎合行业发展，提升会计工作的效率和质量，需要注重加强人才队伍建设。首先，企业要定期组织会计人员开展专业技术培训，培训内容要涉及理论知识、实践操作、信息素养以及会计法规等方面，通过培训提升会计人员的综合素质、业务能力和信息技术操作水平，促使其更好地胜任本职工作；其次，企业要积极从社会和高校中吸纳具有专业背景的人才，提升入职门槛要求，对人才的专业能力、职业素养和信息技术操作能力进行综合考察，不断地充实以及完善人才队伍，为企业储备会计人才；最后，在会计人才队伍建设中，不仅要注重提升其工作能力，同时还要加强职业素养教育，将职业态度、职业素养纳入人员考核指标体系中，要求其按照既定的法律和规定开展各项管理行为，打造智慧财务、阳光财务品牌和平台。

（3）深入融合程度。"互联网＋会计"不仅是简单的应用计算机进行会计管理以及核算等行为，需要企业不断地引进和应用先进的大数据

技术、智能化技术以及云计算技术，实现会计和互联网的深度融合，进而提升会计工作的效率和质量。首先，企业要加大会计信息化成本投入，结合具体工作需要购置相关设备，提升设备的利用效率，为"互联网＋会计"提供硬件支撑；其次，积极应用大数据、云计算等技术，对财务数据加强利用和分析，及时发现企业运行中存在的财务风险，为企业制定风险规避措施提供数据参考；最后，构建会计管理一体化平台，做好安全防范工作，保证会计数据的安全性、完整性以及有效性。

（4）完善内控体系。在"互联网＋"模式下，会计工作的职能和内容出现了较大变化，而想要充分地发挥会计信息化的作用和价值，企业需要完善内控体系。首先，将内控体系以及会计工作充分结合，可以对企业在生产运行中产生的数据进行有效汇总和分析，提升数据处理的高效性和准确度；其次，企业要构建完善的数据分析和风险评估信息化平台，对会计工作进行动态持续的评价，并且将相关数据和指标有效整合，利用各种技术和手段对潜在的财务风险进行识别和控制；最后，企业要发挥内控体系在会计核算和会计监督中的辅助作用，加速会计体系和内控体系的不断融合，提高资金效率和效益。

总之，"互联网＋会计"是会计行业发展的必然趋势，企业在适应供给侧结构性改革和新旧动能转换的重要时期，需要加快会计信息化的发展，并且积极引入大数据、云计算等先进技术，提升企业自身的社会效益和经济效益。

参考文献

[1] 赵丽.我国公益类事业单位财务管理问题研究 [D].北京：财政部财政科学研究所，2012.

[2] 刘永君.上市公司财务审计与内部控制审计整合研究 [D].重庆：西南大学，2013.

[3] 廖菲菲.内部控制审计、整合审计对财务报表信息质量的影响 [D].成都：西南财经大学，2014.

[4] 邢萌.上市公司整合审计业务流程优化问题研究 [D].杭州：杭州电子科技大学，2014.

[5] 张莉.财务报表与内部控制整合审计流程设计及应用 [D].兰州：兰州理工大学，2014.

[6] 谢林平.论内部控制审计与财务报表审计整合的意义与流程 [J].北京：中国内部审计，2015（8）：90-93.

[7] 李哲.财务报表审计和内部控制审计的整合研究 [D].昆明：云南大学，2015.

[8] 黄雅丹.我国上市公司财务报表审计与内部控制审计整合研究 [D].长春：吉林财经大学，2014.

[9] 罗娜.整合审计在我国会计师事务所的运用研究 [D].成都：西南财经大学，2013.

[10] 吴俊峰.风险导向内部审计基本问题研究 [D].成都:西南财经大学,
2009.

[11] 丁晓靖.电力基建项目全过程财务管理体系研究 [D].北京:华北电
力大学,2014.

[12] 侯禹辛.ZH公司对A公司进行融资租赁的财务风险研究 [D].天津:
天津商业大学,2015.

[13] 夏斌斌.价值链视角下融资租赁企业税务筹划研究 [D].天津:天津
商业大学,2015.

[14] 武军.煤炭企业财务风险内部控制体系研究 [D].天津:天津大学,
2011.

[15] 袁清和.基于作业的煤炭企业成本管理体系研究 [D].青岛:山东科
技大学,2011.

[16] 王明芳.我国电商企业信用管理体系的研究 [D].南京:南京林业大学,
2015.

[17] 任立周.我国事业单位财务管理现状及对策研究 [D].太原:山西财
经大学,2011.

[18] 王巍.中国并购报告 2006[M].北京:中国邮电出版社,2006.

[19] 哈特维尔·亨利三世.企业并购和国际会计 [M].北京:北京大学出
版社,2005.